시선
視線

시선이 머무는 곳으로 삶이 달려간다

시선
視線

이승한 지음

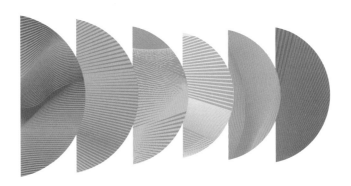

도서출판 **북쌔즈**
BOOKSAYS

시선이 머무는 곳으로
삶은 달려간다

어느 조찬 모임에서 들은 100세가 넘으신 김형석 교수의 말씀이
기억난다.

"사람은 자기가 관심을 가지고 보는 만큼 자라는 것 같아요.
자기만 바라보고 타인에게 관심을 갖지 않는 사람은 리더가 되
지 못하는 것 같아요. 이웃을 생각하고 국가와 민족에 관심을 가
지고 바라보는 사람이 사회를 이끌어가는 지도자가 되어요"

세상을 바라보는 시선이 한 사람의 인생을 어떻게 항해할지 결
정짓는 것이다.

국가의 운명도 마찬가지이다.

170여 년 전 문명을 바라보는 시선의 차이가 조선과 일본의 운명을 극명하게 갈라놓았다. 유럽에서 일어난 1차 산업혁명을 바라보는 시선의 차이가 너무나 달랐다. 일본은 명치유신으로 문호를 개방해서 세계를 이끄는 선도적 문명국가가 되었고 조선은 쇄국정치로 문호를 닫고 과학기술을 거부한 결과 세계의 최빈국으로 전락했다. 전통적 농업 외에는 산업이 거의 없는 나라가 되었다. 서구의 과학기술 문명을 명치유신과 쇄국정책이라는 다른 시선으로 바라본 결과, 일본은 근대화의 길로 들어섰고 조선 왕조는 패망의 길로 들어섰다.

그런데 한강의 기적은 어떻게 이루어졌는가?

40여 년 전 반도체 산업을 바라보는 한 기업가의 시선이 세계 전자산업의 판도를 바꾸고 한강의 기적을 가져왔다.

반도체 사업을 바라보는 두 나라의 시선은 달랐다. 반도체 산업의 업의 개념을 일본의 기업가들은 투자를 잘못하면 본업까지 발목 잡는 위험산업으로 인식하고 반도체 산업 대신 영화콘텐츠, 부동산 산업에 투자했다. 실상 삼성이 반도체 사업을 시작할 때 반대하는 분위기가 팽배했다. 일본의 미쓰비시 연구소는 삼성이 반도체 사업을 할 수 없는 5가지 이유를 발표했고 한국 정부와 연구기관도 반도체 산업 투자는 너무 위험하다고 반대했다.

1982년 당시 청와대에서조차 "반도체 같은 불확실한 사업에 대규모 투자를 했다가 실패하면 국민 경제에 엄청난 악영향을 미칠 것"이라며 사업자제를 요청하는 분위기였다. 잘못되면 삼성그룹을 몽땅 날릴 수도 있다는 충고에도 불구하고 이병철 회장은 1983년 도쿄 선언을 통해 대규모 집적회로 반도체 사업 투자를 선언했다. 업의 개념을 시간 산업으로 판단하고 세계 최고의 반도체 인재들을 채용하여 엄청난 노력과 속도로 1992년에는 세계 최초로 64MD램을, 1994년에는 세계 최초로 256MD램을 개발했다. 세계 반도체 시장의 판도를 바꾸고 시장을 선도하는 단초가 된 것이다. 한 기업가의 미래를 바라보는 통찰의 시선이 삼성과 산업 그리고 대한민국의 운명을 바꾸어 놓았던 것이다.

지금은 역사상 그 어느 때보다 불확실하고 위험하고 빠른 변화의 시간이다. 4차 혁명으로 불려지는 디지털 대전환(Digital Transformation), 자국우선주의로 비롯된 이념 갈등(Ideology Conflict), 라이프 스타일을 송두리째 바꾸어 놓은 바이러스 팬데믹(Virus Pandemic), 그리고 인간의 일자리를 대체할 인공지능(AI), 이 4가지 변화의 두 문자 DIVA가 미래의 무대 위에 펼쳐질 변화의 주인공이 될 것이다. 거대한 변화의 물결이 다가오는 슈퍼 스톰(Super Storm)의 시대에 우리는 어떤 시선을 가지고 세상을 바라보고 국가와 기업, 또한 개인의 삶을 이끌어 갈 것인가?

본서는 여섯 가지의 시선으로 세상을 바라보고 있다.

1장은 둘러 보는 시선이다.

과거를 돌아보는 조명력(hindsight)과 현재를 직시하는 현시력 (eyesight), 미래를 상상하는 선견력(foresight)을 아울러 둘러 보는 시선인 통찰력(Insight)을 가져온다.

2장은 달리 보는 시선이다.

애플의 핵심 가치는 'Think Different'이다. 일 할 때마다 달리 보는 시선이 개인용 맥 컴퓨터와 아이폰을 탄생시켰다. 세상을 바꾸는 창조력의 샘물이 된 것이다.

3장은 높이 보는 시선이다.

그런 저런 작은 목표를 비전이라 부르지 않는다. "BHAG" Big, Hairy, Audacious Goal, 크고 머리가 쭈삣쭈삣 설 정도로 담대한 목표를 높이 보는 비전이라 부른다.

4장은 깊이 보는 시선이다.

우물을 깊게 파려면 넓게 파지 않으면 안된다. 착안대국 착수소 국(着眼大局 着手小局), 착안할 때는 크고 넓게 보고, 착수할 때는 작은 일부터 깊이 보고 시작하라.

5장은 건너 보는 시선이다.

아픔을 겪은 사람만이 아픔을 이해할 수 있다. 상대방 입장에 건너가 보는 시선으로 지쳐있는 한 마리의 새를 둥지로 되돌려 보낼 수 있다면 얼마나 좋을까?

마지막 6장은 멀리 보는 시선이다.

멀리 보는 긍정의 시선으로 결코 포기하지 않으면 풀리지 않는 일은 없다. 숲속의 두 갈래 길에서 나는, 사람이 덜 밟은 길을 택해 내 운명을 축복으로 이끌었다.

바람이 불면 나뭇가지가 흔들린다. 삼투압으로 물을 끌어 올려 나뭇가지와 나뭇잎에 물을 공급하는 생존을 위한 나무의 몸부림이다. 스치고 지나갈 자연 현상 속에서도, 깊은 관조의 시선으로 살펴보면 나무의 새로운 생명을 느낄 수 있다.

'시선이 머무는 곳으로 삶은 달려간다.' 인간은 생각하는 만큼 볼 수 있고 보는 만큼 행동하며 행동하는 만큼 이루어 낼 수 있다.

여태까지 뜨문뜨문 쓴 기고문과 직원들에게 보낸 에세이와 잠재 워둔 글들을 꺼내 책으로 기획하고 편집한 아내, 엄정희 교수, 별칭 오리님이 아니었으면 이 책은 빛을 보지 못했을 것이다. 기쁨과 슬픔으로 엮어진 반세기 동안의 여행길에 변함없는 길동무로 함께 걸어준 아내에게 사랑과 감사를 전한다. 멀리 미국에서 출간을 응원하는 사위와 딸에게도 사랑을 전한다.

2021 세모,
복합문화공간, 〈Booksays〉에서

이 승 한

CONTENTS

1장   둘러 보는 시선

2장   달리 보는 시선

3장   높이 보는 시선

4장 깊이 보는 시선

5장 건너 보는 시선

6장　멀리 보는 시선

1장

둘러 보는
시선

둘러 보는 시선은 "통찰의 시선'으로 바라보는 것이다.

과거를 돌아보는 조명력(hindsight)과 현재를 직시하는 현시력(eyesight),

미래를 상상하는 선구력(foresight)을 아울러야 통찰력(insight)이 생긴다.

상자 안에서는 상자를 볼 수 없다.

상자 밖에 나가서 둘러봐야 상자의 모습을 제대로 볼 수 있다.

둘러 보는 시선은 한 알의 모래 속에서도 세상을 바라볼 수 있게 한다.

Auguries of Innocence

_____ William Blake

To see a World in a grain of sand,

And a Heaven in a wild flower,

Hold Infinity in the palm of your hand,

And Eternity in an hour⋯

순수를 꿈꾸며

_____ 윌리엄 블레이크

한 알의 모래 속에서 세계를 보고
한 송이 들꽃 속에서 천국을 본다.
손바닥 안에 무한을 거머쥐고
순간 속에서 영원을 붙잡는다.

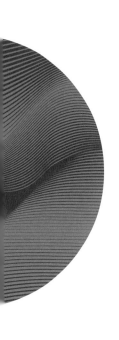

01

런던에 살겠습니까?
리비아에 살겠습니까?

1980년대 초 삼성물산 영국 런던지점장 시절이었다.

그 시절 중동 국가들이 석유 부호국으로 부상하면서 건설 붐이 한창일 때여서 많은 사람들이 런던을 거쳐 리비아의 수도 트리폴리로 출장을 다니곤 했다. 당시 영국은 IMF 시절로 1인당 국민소득이 1만불 문턱에 있었고 산유국 리비아는 국민소득 1만불을 훨씬 넘어서고 있었다.

그때 런던에 출장 온 사람들에게 "영국에서 살겠습니까? 아니면 리비아에서 살겠습니까?"라고 물으면 모두 다 영국에 살겠다고 하지, 리비아에 살겠다고 하는 사람은 한 사람도 없었다.

분명히 리비아가 국민 소득이 높은데 왜 영국에 살고 싶다고 했을까? 그 이유는 바로 '국부(National Wealth)'의 개념에서 찾을 수 있다.

영국에는 먼저 쾌적한 주거 환경이 있다. 잘 짜여진 도시 계획에
따라 지역마다 커뮤니티가 잘 발달되어 쇼핑과 취미생활을 즐길
수 있고, 병원, 학교, 미술관, 도서관 등의 사회 복지와 문화시설도
잘 되어 있고 치안이 잘되어 있어 마음 놓고 다닐 수 있는 사회 안
전망도 갖추어져 있다. 특히 법과 질서를 준수하고, 친절하며 약자
를 돕는 수준 높은 국민의식이 사회적 자산으로 오랫동안 축적되
어 왔다.

분명 당시 1년간 흐르는 한 나라의 생산가치를 나타내는 Flow 개
념인 인당 국민소득은 리비아가 높았다. 그러나 영국은 경제 뿐 아
니라 문화, 복지, 환경, 사회 인프라, 국민의식 등 풍요로운 국가 자
산, 즉 국부가 훨씬 더 풍부해 살기 편한 나라이다. 그래서 모든 사
람이 영국을 선택했던 것이다. 이것이 'Stock'의 개념이다.

우리는 모두가 한결같이 국민소득만 강조하고 있고 국부에 대한
얘기는 거의 듣지 못했다. 국민소득만 중요한 것은 아니다. 모두가
살기 좋다고 느낄 수 있는 국부를 어떻게 만들어내느냐가 보다 중
요하다. 이렇게 1년에 흐르는 국민소득(Flow)과 국부(Stock)를 균형
있게 발전시켜 나가는 것이 진정한 국가경쟁력을 만들어내는 길이
다.

우리의 GDP 규모는 세계 10위권 안팎이지만 환경 수준은 42위이며, 반도체나 조선산업은 1위의 경쟁력을 갖고 있지만, 장기 실업률 또한 1위이며, 인터넷 통신망 가입자수는 세계 1위지만, 초등교사 1인당 학생수는 16.6명으로 OECD 평균 14.5명보다 많았다. 도서관도 8만 명에 하나 꼴이며, 1인당 장서수는 2.2권으로 핀란드, 미국, 일본과는 큰 차이가 난다.

우리 나라가 1년간의 흐르는 소득, Flow 쪽에만 너무 치중하고 있는 것은 아닐까? 우리의 국민 의식 수준은 어떤가? 외국인에 대해서도 친절한듯 하지만 실제는 배타적이고, 사회 공헌도 국민 모두가 지속적으로 참여하는 풀뿌리 나눔이 되지 못하고 홍수 등 큰 재난 때에나 어쩔 수 없이 참여하는 이벤트 성격이 많지 않은지 반문해본다.

이제는 우리의 국민의식도 선진국 수준으로 끌어올리고 국민 소득과 국가 자산의 '균형'을 만들어내야 할 것이다.

기업도 마찬가지이다. 매출과 이익은 Flow 개념이다. 건전한 자산, 건전한 재무구조는 Stock 개념이라고 할 수 있다. 여러분, 흑자도산이란 말을 들어본적 있죠? 기업이 이익을 내고도 도산할 수 있는데 실제 현금이 들어오지 않은 외상 매출과 가공 이익이 지나치게 많으면 현금이 없어 부도가 난 흑자 도산이 될 수 있다. 이것이 바로 Stock의 문제인 것이다.

개인도 마찬가지이다. 현재 받는 급여 수준은 Flow이다. 기업의 문화, 자기계발 할 수 있는 기업 환경과 자기 분야의 최고가 될 수 있는 전문성, 외국어 활용 능력, 컴퓨터 활용 능력, 남을 설득할 수 있는 프리젠테이션 능력 등은 개인 가치를 결정짓는 Stock이다.

국가든 기업이든 개인이든 국민소득이나 수입과 같은 Flow에만 치중하지 말고 국가 사회 시스템과 국민의식, 개인의 가치와 같은 Stock에 시선을 돌려야 할 때다.

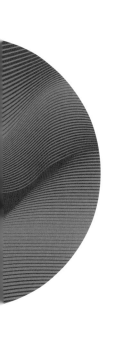

02

덕수궁 돌담 허물어
서울광장 일곱배 늘리자

　역사란 인류의 상상을 현실로 만들어 온 과정이다. 원시시대부터 현대까지 늘 인류의 새로운 상상은 역사 창조의 원천이었다. 우리가 매일 지나는 거리 곳곳도 상상력으로 새로운 역사의 현장이 될 수 있다.

　덕수궁 돌담을 허물고 덕수궁과 시청 앞 서울광장 사이의 도로까지 합해 탁 트인 '덕수궁 광장'을 만들면 어떨까.
　덕수궁과 서울광장을 합하면 서울광장의 일곱 배나 되는 총면적 8만 4560㎡의 새로운 역사 광장이 조성된다. 더불어 덕수궁을 둘러싼 탁 트인 녹지와 궁궐이 공개되면서 삭막했던 도심에 뉴욕의 센트럴파크, 런던 하이드파크와 같은 열린 공원이 생기게 된다. 현재의 작고 특색 없는 서울광장도 분수와 스케이트장, 몇몇의 축제 등으로 사람들에게 큰 기쁨을 제공하는데 그 일곱 배나 되는 거대한 광장에 한국의 역사와 서울의 매력을 제공한다면 세계적인 명소가 될 것이다.

자, 그럼 이제는 차 없는 덕수궁 광장 한가운데 서 있다고 상상해 보자. 가장 먼저 우리나라 근대사의 현장인 덕수궁이 한눈에 들어온다. 오른쪽으로 고개를 돌리면 인왕산과 광화문, 세종대왕, 이순신 장군 동상까지 연결되는 역사의 기개가 덕수궁 광장까지 펼쳐진다. 주변에는 현재의 발전된 한국의 모습을 보여 주는 현대식 건물이 들어서 있다. 다시 오른쪽으로 고개를 돌리면 서울의 미래를 설계하며 새롭게 지어지고 있는 초현대식 서울시청의 모습이 보일 것이다. 뒤를 돌아보면 국보 1호인 남대문의 모습이 그림처럼 다가온다. 이런 아날로그적인 모습에 한국 최고의 디지털 기술을 접목한 유비쿼터스 존을 만든다면 이 광장이야말로 과거를 되돌아보고, 현재를 조명하며, 미래를 상상할 수 있는 세계 최고의 역사 광장인 것이다.

세계적인 광장 주변에는 늘 값진 문화 유산이 넘쳐나고 광장 주변에 몰려 있는 미술관과 박물관, 또한 분위기 있는 카페와 맛있는 레스토랑, 이국적인 상가, 정기적으로 열리는 장터와 축제의 즐거움이 끊임없이 사람들을 유혹한다. 덕수궁 광장은 이 모든 요건을 다 갖추고 있다.

경희궁·경복궁·창경궁·창덕궁·운현궁 등 조선시대의 궁궐들이 근방을 둘러싸고 있어 도시의 과거로 역사 여행을 떠날 수 있다. 세계 어디에도 이렇게 궁궐이 모여 있는 곳은 없다. 또 덕수궁 주변에는 조선 말 근현대시대에 서양식 건축 양식을 볼 수 있는 러시아대사관이나 영국대사관 등이 있다. 더불어 덕수궁미술관·서울시립미술관·서울역사박물관·금호아트홀·정동극장·난타극장, 세종문화회관 등이 어우러져 문화의 감동을 전할 것이다. 전통의 거리 인사동과 쇼핑 천국 명동, 먹거리 축제의 장 무교동까지 모두 덕수궁 광장을 중심으로 이어진다. 탁 트인 덕수궁 광장에서 세계적인 음악회, 세계대학축제, 전람회 등 특색 있는 축제를 펼친다면 폭발적으로 관광객을 끌어모으는 서울 관광의 컬러 콘텐츠가 될 것이다.

덕수궁 광장이 실현된다면 정말 서울을 상징하고 대한민국을 대표하는 세계적 명소가 만들어지는 것이다. 베네치아의 산마르코 광장보다, 런던의 트라팔가르 광장보다, 뉴욕의 타임스스퀘어보다, 파리의 개선문 광장보다 훨씬 아름답고 유서 깊은 광장이 재창조되는 것이다.

덕수궁 광장에는 문화 사적 주변인 돌담을 허무는 것과 사라지는 도로로 인한 교통 문제를 어떻게 해결하느냐는 몇 가지 과제가 있다. 물론 소중한 문화 사적 주변에 손을 댄다는 것은 쉬운 일이 아니다. 사적지 주변이기 때문에 현행법상 엄격한 심의를 거쳐야 하고, 문화재를 지키고자 하는 국민과 시민단체의 반발도 만만치 않을 것이다. 문화재를 지켜야 하는 명분이라면 덕수궁 돌담은 원래의 돌담이 아니라 덕수궁이 1962년 7월 사적 124호로 지정된 뒤에야 지금처럼 높이 쌓아졌기 때문에 진정한 문화재적 가치를 논하기 어렵다. 돌담의 추억과 정취가 아쉬워서라면 정동 돌담길은 남아 있으므로 지금 그대로 즐길 수 있다.

교통 문제는 덕수궁과 서울광장을 합한 지하에 세종로를 따라 지하도로를 만들면 교통 신호가 없어 교통 체증도 해결되고, 도로의 소음도 지하 속으로 들어갈 것이다. 더불어 지하에는 관광버스 주차공간도 마련하고, 매력 있는 지하상가도 만들 수 있다. 바다를 건널 수도 있고, 하늘을 날 수도 있다는 누군가의 상상력이 신대륙을 발견하고, 하늘 길도 여는 기막힌 역사를 만들었다. 이제 수도 서울과 대한민국의 새로운 역사 창조를 위해 무한한 상상력을 발휘할 때다.

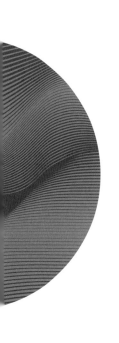

03

책 읽는 나라가
산업혁명을 선도한다

4차 산업혁명의 근간이 되는 인공지능이란 인간의 뇌를 기계에 담아내는 일이다. 인공지능은 인간의 뇌를 넘어서기 위해 상호학습과 'Deep Learning'을 한다.

따라서 많은 사람들이 4차 산업혁명 시대에는 머신(Machine)이 인간을 대체할 것이라는 오해를 하고 있다. 그러나 머신이 인간을 대체하는 것이 아니라, 어떤 사람을 대체하는 것이 실제이다. 어떤 사람이란 주로 평균을 대변하는 중간층일 것이다. 하지만 인간은 인공지능을 만들고 그 인공지능으로부터의 위험에 노출될 수도 있다. 머신이 인간을 넘어서지 못하게 하려면, 머신이 하듯 인간도 상호학습과 Brain Deep Learning을 해야 한다. 그 근간은 바로 책과 독서이다.

《책 읽는 뇌》의 저자 매리언 울프 교수는 "많이 읽을수록 두뇌가 발달한다"라고 했다. 독서는 두뇌와 직접적으로 연결된다. 독서를 많이 할수록 전두엽이 발달하여 상상력과 창의력이 풍부해지고, 서로 다른 일을 하도록 설계된 뇌의 여러 기능과 상호작용하여 더 효율적인 경로로 더 빠르게 정보를 처리하고 실행하게 된다. 독서는 언어 등 특정 분야뿐만 아니라 과학, 수학 등 모든 분야에서 뛰어난 성취를 이루는 데 도움을 준다. 디지털 화면 속 정보는 읽는 것이 아니라 보는 것이다.

사색이 아닌 탐색일 뿐이다. 더 오래, 더 멀리, 더 넓게 가는 통찰력은 인터넷을 통한 검색이 아니라 책을 통한 사색에서 길러진다. 책을 통한 독서는 가장 저렴한 방법으로 가장 값진 지식과 지혜를 얻는 가장 빠른 길이다.

역사적으로 보면, 책을 많이 읽는 나라와 공공도서관을 많이 가진 나라가 부유한 나라가 되었다. 한 나라와 사회의 독서 습관은 부를 창출하는 소중한 자원이다. 지금 4차 산업혁명을 이끌어가는 국가는 미국, 독일, 영국, 프랑스, 일본, 중국이다. 이들 나라의 월 평균 성인 독서량을 비교해 보면, 미국 6.6권, 일본 6.1권, 중국 2.6권일 때 한국이 0.8권에 불과하다. 연간 신간 발행 권수도 미국이 25만 권, 영국 20만 권일 때 한국은 3만 권으로, 두 나라의 8분의 1

수준에 불과하다. 국가경쟁력과 혁신 지수도 독서율 80퍼센트가 넘는 미국, 영국, 독일이 최상위이다. 우리나라의 국가 경쟁력 지수는 2015년 기준 120개국 중 26위로, 세계 13위권 경제 규모를 감안할 때 두 배나 낮다.

한국은 성인 10명 중 3~4명은 1년에 책을 단 한 권도 읽지 않는 독서 빈국貧國으로 IT강국인 한국이 하드웨어 개발은 우수하나 소프트웨어 개발이 힘든 이유 또한 이와 무관하지 않다. 인터넷 속도는 세계 1위를 달리지만, 그 속도만큼이나 빠르게 독서 인구와 서점 수는 줄어들고 있다. 2003년 기준 2,247개에 달하던 전국 서점 수는 12년 뒤인 2015년 1,559개로 줄어들었다. 독서가 생활 습관으로 자리 잡혀야 한다. 지역사회마다 다양한 규모의 서점이 살아나야 한다. 책 읽는 리더, 책 읽는 기업, 책 읽는 나라가 국가경쟁력이 된다. 독서는 국민들의 상상력과 창조의식을 일깨워 Fast Follower가 아닌 First Mover로써 4차 산업혁명을 이끌어 가는 원동력이 될 것이다.

책은 우리에게 여섯 가지 선물을 준다. 먼저 우리를 상상하고 생각하는 인간이 되게 한다. 자신을 만나게 해준다. 감성과 이성을 조화롭게 보게 한다. 또한 미래를 준비하는 다양한 정보를 가져다 주고, 역사상 가장 훌륭한 사람들과 담소하여 지식과 지혜의 진수를 터득하게 한다. 삶의 탁월한 시각을 갖게 해준다. 결국 Reader는 진정한 Leader로 서게 될 수 있는 것이다.

　4차 산업혁명이라는 미래를 이끌어가는 미국의 주요 CEO는 평균 한 달에 4~5권의 책을 읽는다고 한다. 한국 CEO의 독서량은 얼마나 될까?

《Chief Executive 경영의 창》, 기고/2018.4월호)

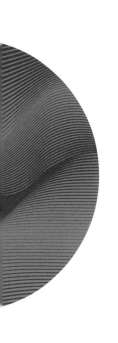

04

알고리즘이
새로운 부의 원천이 된다

　알고 보면, 디지털 시대에 사는 우리의 일상생활은 알고리즘에 의해 시작된다. 아침에 일어나 알고리즘에 의해 추천된 네이버 검색엔진에 올라온 실시간 급상승 검색어를 보고 관련된 뉴스를 읽게 되고, facebook에서 자주 소통하는 친구의 글을 우선 순위로 보게 되고, 인터넷 쇼핑몰에서 소비자의 검색, 추천, 리뷰 데이터에 따라 추천된 상품을 구매하게 된다. 논리적 프로세스에 기초해 만들어진 알고리즘이 어느새 우리의 일상생활을 지배하고 소비 생활을 제어하며 보이지 않는 부의 권력(invisible power of wealth)이 되고 있다.

부의 창출은 언제부터 시작 됐을까?

1만 년 전 선사시대, 인간이 농사를 짓기 시작한 농경시대로부터 부의 창출 시스템(wealth system)이 갖춰졌다. 그렇게 시작된 부는 제1의 물결인 농경시대에는 시간이, 기계화 혁명으로 대량생산을 가능하게 했던 제2의 물결(산업화 시대)에는 공간이, 지식과 정보가 넘쳐나는 제3의 물결(정보화 시대)에는 지식이 부를 창출하게 했다.

엘빈 토플러는 시간, 공간, 지식이 부의 미래를 창출하는 가장 빠르고, 강력하고, 매혹적인 심층 기반이라고 말했는데, 나는 부의 미래를 창출하는 핵심이 알고리즘이라고 생각한다.

피터 손더가드(Peter Sondergaard)는 데이터는 그 자체만으로는 전혀 의미가 없다. 데이터를 사용하는 방법과 이를 토대로 실행하는 방법을 알지 못한다면 실제로 아무 것도 할 수 없다. 실제 가치는 알고리즘에 있으며 알고리즘은 다음 행동을 결정한다라며 알고리즘이 미래의 비즈니스라고 규정했다.

알고리즘은 한 마디로 문제 해결의 과정과 방법이다. 빅데이터를 분석하고 재배열하여 최적의 솔루션을 도출하고 실행하는 논리 구조이다.

전 세계 632개 도시에서 사용하는 우버(Uber)는 단 한 대의 택시를 보유하지 않고도 약 77조원에 달하는 기업 가치를 올릴 수 있었는데, 이것은 바로 이동 수단이 필요한 사람과, 차를 가진 사람을 연결하는 매칭 알고리즘 덕분이다.

우버 드라이버의 보스는 누구일까? 알고리즘이 바로 보스이다. 아디다스는 스피드 팩토리라는 퍼펙트 스마트 팩토리를 만들었다. 소재, 부품 조달부터 생산, 물류까지 전 공정이 알고리즘에 의해 ICT 정보통신기술과 결합하여, 완전한 자동화를 이루어냈다. 현재 동남아에서 600명의 노동자가 하던 일을 독일 공장에서 10명이 가능하게 만들었다. 1년이나 걸리던 개개인의 주문 상품을 단 5시간 만에 제조하게 했다. 알고리즘으로 산업의 경쟁력과 부의 기회를 새롭게 만든 것이다.

최적의 검색 결과를 제공하는 구글(Google)의 Rank Brain, 뉴스피드에 어떤 포스트를 우선 노출할지 결정짓는 페이스북(Facebook)의 Edge Rank, 고객이 원하는 상품을 추천하는 아마존(Amazon)의 A9, 사람들의 지속적인 시청을 유도하는 넷플릭스(Netflix)의 동적 알고리즘(Dynamic algorithm), 전 세계의 수백 개 도시에 걸쳐있는 집과 방을 소비자에게 배분하는 에어비엔비(AirBnB)의 머신러닝 알고리즘은 새로운 부의 원천이 되고 있다.

여러분은 이러한 부의 원천이 되는 알고리즘 경제에 대해 관심을 가져본 적이 있는가? 지금이 바로 기회이다! 위기의식(Sense of Crisis)과 절박감(Sence of Urgency)을 가져야 할 때이다.

(《Chief Executive 경영의 창》, 기고/2017.10월호)

05

컴퓨터는 오리를
동물의 왕으로 뽑았다

어느 날 동물들이 왕을 뽑는 총회를 가졌다.

먼저 뭍에 사는 동물들은 당연히 땅 위를 잘 달리는 동물이 되어야 한다고 하고, 새들은 하늘을 날 수 있는 동물이 되어야 하는가 하면 물고기들은 헤엄을 잘 치는 동물이 왕이 되어야 한다고 주장했다.

하루 종일 토론을 해도 결론을 내릴 수 없어 과학적으로 컴퓨터에 넣어서 뽑자고 모두가 의견을 모았다.

헤엄도 치고 날 수도 있고 뛸 수도 있는 조건을 모두 충족하는 동물은 무엇인지 컴퓨터에 입력했다. 그 답은 무엇일까?

컴퓨터에서 나온 답은 바로 '오리'였다.

이 우화는 내가 2003년 영국 테스코 국제회의에서 우리 회사의 인재 관리 내용에 관해 설명하며 프리젠테이션 하여 아주 특별한 반응을 얻었던 내용으로 모든 것을 그저 할 줄만 아는 것보다는 얼마나 잘하느냐가 중요한가를 보여주기 때문에 내가 인재 관리론에서 즐겨 쓰는 우화이다.

모든 것을 어설프게 조금씩 다 할 줄 아는 오리보다는 고래처럼 바다를 깊이 헤엄치고 독수리처럼 하늘을 높이 날고 사자처럼 육지를 빠르게 달리는 리더가 되어야 한다는 이야기이다.

바다, 하늘, 육지는 산업으로 보면 각기 하나의 산업 분야일 수도 있고 회사 경영에 있어서는 마케팅, 재무, 운영 등 경영의 한 분야일 수도 있다. 더 나아가 우리 회사와 같은 유통회사의 경우에는 농산, 축산, 수산, 생활문화, 의류잡화 등의 카테고리일 수도 있다.

다 할 수 있지만 하나도 제대로 하지 못하는 오리형보다는 현재 본인이 맡고 있는 분야에서 그 어느 누구보다도 최고 전문가가 되어야 한다는 것이다.

여러분은 자기 분야에서 국내 최고, 세계 최고의 전문가가 되기 위해 여러분의 혼과 에너지를 쏟아붓고 있는가?

무협지에 비유해서 설명하면, 여러분의 분야에서 다른 사람이 따라올 수 없는 '독문절기(獨門絶技)'와 같은 최고 경지의 독보적인 실력을 쌓아가고 있는가?

늘 우리가 사회생활을 하는 것도 무술 수련과 비슷하다고 생각한다. 무협에 처음 입문하면 군불을 때거나 물동이를 길어 나르거나 주방 일을 하는 등의 허드렛일을 시킨다. 이 일을 참지 못하고 떠나는 사람은 끝내 무술을 배우지 못하게 된다. 그 시험 과정을 거친 자만이 본격적인 무술 수련에 들어가게 된다.

그런데 이게 뭡니까? 배우고 싶은 권법이나 검술을 바로 가르쳐 주지 않고 무협의 기초 자세, 초식, 공력 쌓기 등 지루한 기본 수련 과정이 되풀이된다. 결국 견디지 못한 많은 수련생들은 다시 낙오되고 몇 사람만이 진정한 무협수련의 기회를 갖게 되어 강호에서 아주 뛰어난 고수들로 세상을 풍미하게 된다.

소년공에서 시작하여 나중에는 석유와 철강 사업으로 세계 굴지의 부호가 된 미국의 철강왕 카네기는 열두살 때 방적회사의 화부로 어쩌면 허드렛일을 시작했는데 공장에서 제일가는 화부가 되겠다는 자세로 최선을 다했다. 그가 최선을 다하는 모습을 보고 어떤 사람이 우편배달부로 추천해주었고 그때도 미국에서 제일가는 우편배달부가 되겠다는 각오로 모든 마을 사람들의 이름을 기억하며 열심히 일해서 유명해졌다.

그래서 조금 더 창의와 기술을 요하는 전신기사로 채용되었다. 거기에서도 역시 일인자가 되겠다는 각오로 노력을 게을리하지 않았기 때문에 결국 오늘의 철강왕이 될 수 있었다고 한다.

이는 정말 무술 수련과도 같지 않은가?

나도 삼성그룹에 입사해 제일모직에 배치 받아 신입사원 시절을 시작했다. 입사 후 한 달간 1부터 10까지 숫자만 쓰기도 하고 주산으로 계산하는 것만 하기도 했다.

그 다음 한 일이 복사 담당이었다. 블루 카피라고 부르는 복사기를 이용해 회의 자료를 복사하는 일을 1년 정도 했는데 그 당시 복사는 한 번에 한 장밖에 복사도 되지 않는데다 축축하게 젖어 나와 한 장씩 모두 말려야 했다.

그래도 내 맡은 일만큼은 내가 가장 잘하는 사람이 되겠다는 각오로 맡은 일에 매진했다. 그 덕분에 '카피담당 상무'라는 별명도 얻었다. 그렇게 집요하게 최선을 다하는 모습을 보고 선배들이 등용하기 시작했고 오늘의 CEO까지 될 수 있는 배경이 되었는지도 모르겠다.

여러분에게 어떤 일이 맡겨지든 어떤 허드렛일을 하게 되든 배우겠다는 겸손한 자세로 정진하라. 경영의 기본이나 직장에서의 에티켓을 터득하는데 게을리하지 말라. 그 과정이 진정한 프로의 출발이다.

이와 더불어 자기 일에 정말 전문가가 되도록 정진해야 한다. 사자가 되든, 독수리가 되든, 고래가 되든 세계 최고의 전문가의 높은 꿈을 갖고 최선을 다하기 바란다.

그러면 누가 동물의 왕이 되는 것일까? 과거의 패러다임에서는 사자가 동물의 왕이라고도 했다. 그러나 오늘날 시간과 경쟁하는 속도의 시대, 경계 없는 메가 컴피티션의 시대에서는 어느 한쪽만 잘해서는 톱온톱(Top on Top)이 될 수 없다.

　독수리처럼 높이 날고 사자처럼 빨리 달리고 고래처럼 깊이 파헤칠 수 있는 3차원을 아우르는 입체적 사고의 리더가 되어야 한다. 높은 비전을 갖고 폭 넓게 달리며 깊이 파고들어야 하는 것이다. 최고의 경지에 이른 사람은 분야가 다르더라도 서로 맥이 통한다고 한다. 각각 다른 것 같지만 나머지 분야도 쉽게 정복할 수 있다는 중요한 교훈이다. 독수리의 높이를 가지면 고래의 깊이, 사자의 넓이를 누구보다 빨리 체득할 수 있다는 얘기이다.

　얼마 전 스펜서 존슨의 《멘토》라는 책을 '행복을 향한 항해의 방법을 체계적으로 일러주는 1분 멘토링의 실천편'이라고 추천한 바 있다. 인상적인 것은 진정한 멘토는 결국 자기 자신이라는 것이었다. 여러분도 현재 자신이 오리인지, 사자인지, 고래인지, 독수리인지, 다시 한번 생각해보고 자기 분야에서 최고의 경지에 이를 수 있도록 스스로를 멘토링 해보는 시간을 갖는 것도 좋을 것 같다.

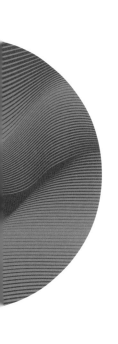

상상속의 도시, 지오네스 시티

나는 한때 서울 시내 한복판에 거대 지하 복합도시를 만들어보겠다고 꿈꾸었다. 지금부터 내가 그리는 그림을 상상해보라.

서울역 광장에서 아래로 내려가면 남대문과 시청앞, 그리고 광화문까지 이어지는 거대한 지하 세계가 펼쳐진다. 지하 1층에 설치된 무빙워크웨이(Moving Walkway) 위에 올라서면 남대문을 거쳐 시청과 광화문까지 논스톱으로 이동할 수 있다. 사방의 시야가 탁 틔어서 과연 이곳이 지하인가 싶을 정도로 쾌적한 분위기다.

이 세계는 지하 120미터까지 뚫려 있다. 지하 30미터까지는 사람들이 도보로 이동하며 각종 편의시설을 이용할 수 있는 공간이고 그 아래로는 '캡슐 라이너(Capsule Liner)'를 통해 24시간 물류 이동이 이루어지는 공간이다.

서울역 아래는 교통과 물류의 중심지로 매일 100만 명 이상의 사람들이 모였다 흩어졌다를 반복한다. 하지만 고속화도로와 고속 전철, 경전철 등 다양한 교통 시설이 편리하게 연결되어 있기 때문에 아무런 불편이 없다.

무빙 워크웨이에서 내려 둘러보는 남대문 아래는 다양한 업무와 유통의 중심지이다. 남대문 시장과 유명 백화점 등 다양한 유통업이 들어서 있어 언제나 사람들로 북적댄다. 이 곳에서 산소 부족을 염려할 필요는 없다. 365일 공기 청정 시스템이 돌아가고 있기 때문이다.

지상에 닿을 만큼 높게 자란 상록수와 관엽수들을 바라보며 도착한 시청 덕수궁 아래에는 '휴먼테크 플라자'라고 불리는 이색적인 공간이 조성되어 있다. 대형 쇼핑몰이 들어서 있고 그 중심부에는 에펠탑, 빅벤 등 세계 각국의 대표적인 명물들의 미니어처가 세워져 있다. 이 근방에는 대규모 문화, 휴식, 예술 공간이 포진해 있고 행정 지원을 위한 전산센터, 국제적인 출판센터 등 특화된 업무 시설들이 배치되어 있다.

나는 이 지하 도시의 이름을 '지오네스 시티(Geoness City)'라고 지었다. 서울역에서 광화문까지 지하 도시가 생기면서 지상에는 보행자들을 위한 녹지 공간이 많이 생겨났다. 그리고 지하에는 보행자를 위한 수평 이동 수단인 무빙 워크웨이, 남북을 관통해 지하철과 연계되는 경전철, 수직 이동을 위한 리프트와 엘리베이터, 중심을 관통하는 지하 고속화도로, 물류 수송 전용 터널까지 없는 게 없다.

무엇보다 놀랍고 환상적인 것은 아무리 지하 깊이 들어간다고 해도 하이테크 기술을 접목한 프리즘 효과로 햇빛이 사시사철 비쳐드는 광경이다. 햇빛을 충분히 받아 지하 깊은 곳에서도 녹음을 자랑하는 나무와 풀들이 공원을 이루고 있다.

사람들은 더 이상 지하를 음습하고 두려운 공간으로 생각하지 않는다. 이제는 모두가 지오네스 시티에 있는 도서관과 미술관, 박물관에서 문화를 향유한다. 다양한 카페와 음식점에서 취향대로 시간을 즐기기도 한다. 지오네스 시티는 국제적인 명소로 이름을 떨치는 것은 물론 세계 각국에서 벤치마킹하는 명소가 되었다.

지금도 눈을 감으면 또렷하게 떠오르는 지오네스 시티. 이 도시를 계획한 건 삼성종합건설 개발사업 본부장으로 있던 1992년의 일이다. 이미 서울 도심은 복잡해질 대로 복잡해지고 땅값도 천정부지로 올라서 지상에 새로운 빌딩을 짓거나 개발하는 게 어려워진 상태였다. 그렇다면 지하 공간으로 눈을 돌리는 게 당연한 일일 텐데, 우리나라에서 '지하 개발'이라고 하면 지하철이나 지하도, 지하상가를 떠올리는 사람들이 대부분이었다. 그러나 해외 선진국에서는 오래전부터 지하 공간을 '생활, 산업, 에너지' 등의 다양한 측면에서 개발하고 있었다. 일례로, 핀란드와 스웨덴 등 스칸디나비아 반도의 지하 공간에는 시민들의 운동, 문화, 휴게 시설은 물론 지하 예배당과 도서관까지 포진되어 있었다.

지하 개발에 대한 갖가지 자료와 논문들을 읽으면서 내 머릿속에 떠올랐던 것은 '거대한 지하 도시'였다. 세계 여러 나라의 개발 사례들을 벤치마킹하고 도시 설계 전문가들을 만나 자문을 구하며 매일 고민하다 보니 자면서도 꿈에 지하 도시가 나타날 지경이었다. 내 머릿속에서는 그야말로 판타스틱한 그림이 쉴 새 없이 그려졌다.

"서울역에서부터 남대문과 시청을 거쳐 광화문에 이르는 지하 공간을 개발합시다." 주변 사람들에게 이런 이야기를 하자, 다들 너무 공상과학 영화 같다며 웃는 게 아닌가? 도무지 '말이 안 된다'는 것이었다. 지상에서도 보기 힘든 최첨단 도시 개발을 하물며 지하에서 실현한다는 것은 기술적으로나 금전적으로나 너무 어렵다는 이유에서였다. 왠지 바보가 된 기분이었지만, 시대를 앞서가려면 '바보' 소리를 들을 각오가 되어 있어야 하는 법이다.

뜻을 함께 하는 사람들이 모여 1992년 10월 '한국 지하 공간 협회'가 탄생했다. 협회 회원들은 시간이 날 때마다 모여 토론을 하

며 앞으로 우리나라의 지하 공간을 어떻게 효율적으로 개발할 것
인지 머리를 맞댔다. 늘상 지하에 대해서 논의하다 보니 우스갯소
리로 '두더지 협회'라는 별명이 붙었다.

그때 발표했던 세미나 자료집과 지오네스 시티의 조감도가 총
천연색으로 인쇄된 리플릿이 아직도 내 서재 책꽂이에 꽂혀 있다.
협회 발족 한 달만에 호텔 신라에서 국제 세미나를 열며 학계와 정
부, 언론의 관심을 얻었지만 현실로 실현되지는 못했다. 당시의 지
하 도시 개발 계획은 첫 삽조차 뜨지 못했다.

지하 복합도시의 꿈은 말 그대로 꿈에 그치고 말았지만, 나는 종
종 그 시절에 그렸던 지하 도시의 청사진을 들여다보며 재미난 상
상을 하곤 한다. 그 상상 속에는 지하 10층 카페 테라스에 앉아 까
마득한 하늘에서 쏟아지는 태양빛을 받으며 향 좋은 커피를 마시
는 내가 있고, 캡슐 라이너로 운반되는 생활 폐기물들이 제대로 처
리되었는지 감독하는 내가 있으며, 세계 최대의 지하 미술관 로비
에서 국제적인 감각의 큐레이터와 만나 전시회를 기획하는 내가
있다.

상상 속에서는 무엇이든 가능하다. 그리고 우리가 상상한 것들
은 오랜 시간을 거쳐 현실로 구현된다. 자동차가 그렇고 비행기가
그렇고 컴퓨터가 그렇다. 결국 미래를 이끄는 것은 상상력이 아니
겠는가.

07

내 안에 있는 리더십 원석을
보석으로 연마하라

인간은 태어날 때부터 자신의 몸 안에 리더십 광산이 있고 수많은 리더십 원석을 가지고 있다. 자신의 리더십 원석을 잘 가공하여 자신만의 보석으로 만들어야 한다. 보석의 모양이 모두 다르듯 사람들의 리더십도 모두 다르다.

세상에서 자신보다 자신다운 사람은 자신밖에 없다.
창의력이 뛰어난 사람이 있는가 하면 열정이 강하고 실행력이 뛰어난 사람들도 있다. 변화에 대한 대응력이 빠른 사람들이 있는가 하면 매우 느린 사람들도 있다.

리더십 원석은 채굴해서 연마하면 아름다운 보석이 되지만 그대로 버려두면 그냥 평범한 하나의 돌멩이에 불과하다. 자신만의 리더십 원석을 흙더미에 파묻힌 평범한 돌멩이로 버려두고 있는 것은 아닌지 되돌아 봐야 한다.

내 몸 안의 리더십 광산에 있는 12가지 원석을 채굴하여 보석으로 연마하여 나만의 리더십 역량으로 만들어야 한다.

긍정의 리더십 원석(Positive Leadership Gemstone)
뇌(腦)는 생각의 원석이다.

'Cultivate mind field' 생각의 밭을 경작하라.

뇌는 생각을 하며 그 생각을 인체의 모든 기능에 전달하고 지휘하는 중추 역할을 한다. 사람의 운명은 어떤 생각을 하느냐에 달려있다. 중요한 것은 뇌가 긍정적으로 생각해야 행동이 창조적으로 되고 더 나은 세상을 만들 수 있다.

두뇌가 뛰어난 사람이 부정적인 생각을 창조적으로 사용한다면 오히려 조직이나 사회에 해악을 끼칠 뿐이다. 생각은 한자로 思이다. 마음의 밭이라는 뜻이다. 긍정이라는 마음의 밭을 경작해야 리더가 될 수 있다.

비전의 리더십 원석(Visionary Leadership Gemstone)
눈(目)은 보는 능력이다.

'Look beyond the obvious' 보이지 않는 저 너머를 보라.

우리는 눈을 통해 세상을 보고 사물을 본다. 보는 것에만 머물러 있지 않고 의미적으로는 마음의 눈으로 보이지 않는 곳까지 보라는 뜻이다. 리더는 과거에 대한 조명력(Hindsight)과 현재를 바라보는 현시력(Eyesight) 그리고 보이지 않는 미래에 대한 선견력(Foresight)이 있어야 통찰력(Insight)이 생긴다. 사람들은 미래를 상상하고 꿈꾸는 비전의 리더를 기다린다.

열린 리더십 원석(Open Leadership Gemstone)

귀(耳)는 듣는 힘이다.

'Listen more than tell' 말하기보다 듣기를 더하라.

귀를 열고 귀를 기울여 사람들로부터 지식과 지혜를 얻어내는 득(得)의 능력이다. 다른 사람들의 이야기를 통해 새로운 정보를 듣고 그것을 자신의 것으로 만들어 갈 수 있어야 한다. 마음의 문을 활짝 열고 듣기만 해도 소통이 시작된다. 더 나아가 듣기 불편한 올바른 사실과 진실을 듣고 수용할 수 있을 때 비로소 사람들이 모이고 따르게 된다.

대응의 리더십 원석(Responsive Leadership Gemstone)

코(鼻)는 변화를 감지하는 능력이다.

'Smell the change' 변화를 냄새 맡으라.

변화의 냄새를 민감하게 맡아서 빠르게 대응하고 준비하는 능력이다. 국가나 기업의 리더가 변화에 둔감하면 기업이나 개개인 모두가 변화에 둔감하게 되고 그 조직은 도태되고 만다. 지구상에서 멸종한 종들은 대부분 변화에 둔감한 종들이었다. 덩치가 큰 초식 공룡은 천적이 꼬리를 물면 그 반응이 뇌로 전달되는 데 10초나 걸렸다고 한다. 둔감한 그의 대응력은 공룡 가운데서도 가장 먼저 멸종의 길을 걷게 만들었다.

정직의 리더십 원석(Honest Leadership Gemstone)

입(口)은 소통(通)의 능력을 상징한다.

'Be honest' 정직하라.

하지만 거짓말로 소통을 잘 한다면 조직은 파괴된다. 진실과 사실을 애기하는 정직한 소통이 가장 중요한 소통의 능력이다. 고객이나 경쟁사 조사를 한 후에 나쁜 결과는 빼고 좋은 것만을 소통하지 말고 사실 자체를 전달해야 한다. 정직하지 못한 소통은 오히려 불통보다도 더 위험하다.

협력의 리더십 원석(Supportive Leadership Gemstone)

목(項)은 다른 리더십 역량을 돕고 지원하는 것이다.

'Collaborate together' 함께 협력하라.

얼굴과 몸 전체를 연결해주는 목의 역할은 참으로 중요하다. 목이 기능하지 않으면 눈이 있어도 앞만 볼 수 있지 둘러 볼 수는 없다. 리더는 혼자서 모든 것을 전부 다 할 수 없다. 리더는 모두 한 마음으로 함께 협력할 수 있도록 이끌어 나갈 때 상상도 할 수 없던 일도 해낼 수 있게 된다.

겸손의 리더십 원석(Humble Leadership Gemstone)

가슴(胸)은 따뜻함과 겸손의 상징이다.

'Stay warm, stay humble' 따뜻하고 겸손하라.

일을 할 때 따뜻한 가슴으로 배려하는지 아닌지는 누구나 느낄 수 있다. 예수님이 제자들의 발을 씻겼던 것과 같은 섬김의 리더십이 위대한 리더를 완성시킨다. 리더가 교만에 빠지면 구성원이 모르는 사이에 조직이 고객 위에 군림하게 될지 모른다. 마지막으로 조직을 파괴하게 된다.

용기의 리더십 원석(Brave Leadership Gemstone)

배(腹)는 배짱이 두둑한 용기를 의미한다.

'Take the risk to challenge' 위험을 무릅쓰고 도전하라.

위험을 감수하고 변화를 기회로 활용해서 새롭게 도전해 나가는 리더십을 말한다. 용기는 기업가 정신의 시작이다.

신뢰의 리더십 원석(Trustworthy Leadership Gemstone)

손(手)은 사람을 신뢰하고 용병하는 힘이다.

'Conduct orchestra' 오케스트라를 연주하라.

상대방에게 손을 내밀어 악수를 한다는 것은 신뢰를 뜻한다. 계약을 하면 악수를 한다. 당신을 신뢰하니 앞으로 함께 비즈니스를 잘 해보자는 뜻이다. 오케스트라의 지휘자는 권위와 신뢰를 바탕으로 아름다운 화음을 내도록 각기 다른 악기와 연주자들을 하나로 이끌어 나간다.

회복의 리더십 원석(Resilient Leadership Gems

'Never give up' 포기하지 말라.

자신에게 닥치는 온갖 역경과 어려움을 오히려 도약의 발판으로 삼는 능력이다. 회복력이 강한 리더는 깊은 계곡으로 떨어졌다가도 끝까지 포기하지 않는 'Never Give Up'의 정신으로 원래 있었던 위치보다 더 높은 곳까지 올라갈 수 있다.

혁신의 리더십 원석(Innovative Leadership Gemstone)

다리(脚)는 달리고 점프하는 힘이다.

'Leapfrog for the change' 변화를 위해 도약하라.

조금씩 개선하는 것이 아니라 'step change' 계단을 뛰어오르듯 혁신하는 것이다. 대약진을 의미하는 '퀀텀 점프(Quantum Jump)'라는 말이 있다. 장기적이고 점진적인 변화가 아니라 단기간에 비약적으로 약진하는 극적인 변화를 일으키는 것을 의미한다.

열정의 리더십 원석(Passionate Leadership Gemstone)

발(足)은 열정의 상징이다.

'Step First' 먼저 첫발을 딛어라.

남들보다 한발 먼저 내딛고 더 많이 걷는 솔선수범의 열정을 뜻한다. 리더가 열정을 가지고 몰입하면 사람들도 따라 몰입한다. 열정을 다한 발품은 창조의 원동력이다. 아무도 가지 않은 길에는 리더의 첫 발자국이 필요하다.

2장

달리 보는 시선

애플의 핵심가치는 'Think Different' 다르게 생각하라이다.
이렇게 달리 보는 시선이 창조력의 원천이다.
현실에 안주하지 않고 세상을 바꿀수 있다고 생각하는
미친 사람들이 새로운 문명을 창조하고 인류를 나아가게 했다.
청춘이란 인생의 어떤 기간이 아니라
현실에 안주하지 않고 도전하는 마음의 상태이다.

Youth

_____ _Samuel Ullman

Youth is not a time of life; it is a state of mind;

it is not a matter of rosy cheeks, red lips and supple knees;

it is a matter of the will, a quality of the imagination,

a vigor of the emotions…

Youth means a temperamental predominance of courage over

timidity, of the appetite for adventure over the love of ease.

This often exists in a man of sixty more than a boy of twenty.

Nobody grows old merely by a number of years.

We grow old by deserting our ideals

… 중략 …

In the center of your heart and my heart there is a wireless

station; so long as it receives messages of beauty, hope,

cheer, courage and power from men and from the infinite, so

long are you young…

청춘

_____ 사무엘 울먼

청춘이란 인생의 어떤 기간이 아니라

마음 가짐을 말한다.

장미의 용모, 붉은 입술, 나긋나긋한 손발이 아니라

씩씩한 의지, 풍부한 상상력,

불타오르는 정열을 가르킨다.

청춘이란 인생의 깊은 샘의 청신함을 말한다.

청춘이란 두려움을 물리치는 용기,

안이한 마음을 뿌리치는 모험심을 의미한다.

때로는 20세 청년보다도

70세 노인에게 청춘이 있다.

나이를 더해가는 것만으로 사람은 늙지 않는다.

이상을 잃어버릴 때 비로소 늙는다.

그대에게도 나에게도 마음의 눈에 보이지 않는

우체국이 있다.

인간과 하느님으로부터 아름다움, 희망, 기쁨, 용기,

힘의 영감을 받는 한 그대는 젊다.

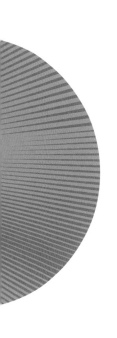

01

종로에 뜬 UFO

프랑스에 가면 에펠탑이 있고 런던에 가면 빅벤이 있듯 어떤 지역을 떠올리면 바로 연관되는 건축물이 있다. 그 지역을 상징하는 이런 건축물을 '랜드마크'라고 부르는데, 사전적 의미에서도 볼 수 있듯 다른 곳에는 없고 오로지 그 곳에만 존재해야 비로소 랜드마크라는 호칭을 부여할 수 있다.

한국에는 어떤 랜드마크가 있을까? 수도 서울의 랜드마크라고 할 수 있는 종로타워와 리움미술관, 그리고 도곡동 타워팰리스에 관한 이야기다. 모두 1990년대 중반 나의 열정을 불살랐던 대상이자 서울을 대표하는 랜드마크들이다.

1994년 1월, 나는 삼성그룹 회장 비서실 '신경영 추진팀'의 팀장

전무로 발탁되었다. 신경영 추진팀은 이건희 회장의 신경영 이론에 따라 국가와 기업의 인프라를 세계적인 랜드마크로 만드는 역할을 하게 됐다. 그 전 해에는 삼성그룹 이건희 회장의 '신경영 선언'으로 재계가 떠들썩했다. 이 회장은 독일 프랑크푸르트에서 삼성그룹 사장단을 모아놓고 이렇게 말했다.

"마누라와 자식만 빼고 다 바꿔라." 당시 제품의 질(質)을 높이기보다는 양(量)을 늘리는 데에만 급급한 나머지 세계 시장에 나오면 저급 브랜드 이미지밖에 안 되는 우리 기업들에 경종을 울린 선언이었다.

한마디로 익숙한 것을 버리고 낯선 것을 추구하는 대변화의 한가운데에서 나는 국토와 도시의 아름다운 변화를 주도하는 임무를 맡게 됐다. 신경영이 '양(量)' 위주의 성장에서 '질(質)' 위주의 성장으로 변화하기 위한 것이었다면, 우리를 둘러싼 도시 환경의 질적인 발전 또한 필요한 것이었다.

단조로운 서울 도심 풍경에 새로운 변화의 그림을 그릴 수 있는 기회가 왔다. 이건희 회장의 뜻에 따라 태평로 위에 로댕갤러리를, 한남동에 리움미술관을, 종로 한가운데에는 UFO를 띄운 듯한 종로타워를 짓게 되었다.

종로타워는 하마터면 폐기처분될 뻔했던, 그래서 특별히 기억에 남는 건물이다. 가장 꼭대기 층이 바로 아래층과 30미터 떨어진 채 마치 하늘 위에 떠 있는 형상이어서 '탑 클라우드(Top Cloud)'라는 이름을 붙였다. 서울의 빌딩들 중 높이로 치자면 45번째(133.5미터)로 특별히 높은 빌딩은 아닌데도 한 번 보면 쉽게 잊혀지지 않을 정도로 독특한 분위기를 발산하고 있다.

그러나 그 독특함을 발산하기까지 상당한 어려움이 있었다. 처음에는 미처 다 매입하지 못한 조그만 부지 문제로 건물은 뼈대만 완성된 채 몇 년간 흉물스럽게 방치되었다.

"이 건물을 철거하시오. 그리고 서울에 랜드마크가 될 빌딩을 지어보세요." 이건희 회장의 철거 지시가 떨어지자 건물주인 삼성생명에서 난리가 났다. 지금까지 들인 건축비가 얼마인데 철거라니? 하지만 철거하지 않고 기존의 골조를 바탕으로 해서는 지극히 평범한 건물밖에 지을 수 없을 것 같았다. 주변 건물들과 비슷한 넓이의 부지에 같은 용적률을 적용받아 짓는 비슷한 높이의 건물이라면 과연 무슨 의미가 있겠는가?

고심하던 어느 날, 무심코 설계도와 종로 일대 지도를 번갈아 들여다보다가 퍼뜩 묘안이 머리를 스치고 지나갔다.
'같은 용적률을 적용받더라도 꼭대기 층을 공중에 띄우면 키가

커질 것이 아닌가?'

기존에 공사한 세 개의 기둥은 삼성을 의미하기도 하니, 여기에 미래를 지향하는 첨단 느낌과 강한 남성적 모습을 반영하자는 것이 내 생각이었다. 이는 즉각 설계자들에게 전달되었고, 세 회사 중 라파엘 비뇰리가 가장 돋보이는 설계도를 가져왔다. 사람으로 치자면 165센티미터인 신장을 어떤 처방을 통해 190센티미터로 만드는, 이를테면 '전신 성형'에 해당하는 청사진이었던 것이다. 기존 건물의 맨 위층 바닥에서 조립해 완성된 탑 클라우드는 너비 60미터, 폭 40미터, 높이 11.5미터에 무게가 4,300톤이나 되는 대형 구조물이었다. 이것을 공중에 띄우기 시작했다. 한국 최초로 리프트-업 공법을 이용해 한 시간에 3미터씩, 하루에 10미터를 끌어올렸다. 그 구조물을 공중에 띄우는 데 꼬박 사흘이 걸린 셈이다.

이 상상의 클라이맥스는 조명에 있었다. 어두운 밤하늘에 종로 타워 꼭대기 탑 클라우드가 빛을 발하면, 마치 종로에 UFO가 나타난 것처럼 보일 것이다. 이런 계획은 해외에까지 알려져 미국의 CNN에서 중계방송을 하고 싶다고 연락을 해오기도 했다. 하지만 온 국민이 허리띠를 졸라매는 IMF 외환 위기 시기에 자칫 '사치스러운 빌딩'으로 부각될까 염려스러워 이 계획은 취소됐다. 하나의 예술적인 건축물이 만들어지는 과정을 영상에 담아 전 세계에 방영할 수 있는 좋은 기회였는데, 지금도 생각하면 아쉽기만 하다.

나는 그림 그리는 데는 큰 소질이 없지만, 그림 감상은 꽤나 좋아한다. 런던이나 파리, 뉴욕에서 세계적인 미술관을 보고나면 왜 우리나라에는 저런 문화적 공간이 없을까 부러움이 남았다. 그런 나에게 미술관을 만들 수 있는 기회가 왔다.

이번에야말로 세계 처음으로 시도되는 컨셉을 도입해야겠다는 생각이 들었다. 이를 위해 세계 일류 건축가들을 네 명이나 한국으로 초청했다. 스위스의 건축가 마리오 보타(Mario Botta), 프랑스의 건축가 장 누벨(Jean Nouvle), 네덜란드 건축가 램 쿨하스(Rem Koolhaas), 영국의 건축가 테리 파렐(Terry Farrell)이다.

유명 건축가 한 사람을 불러오기도 힘든데, 네 사람을 한꺼번에 모은다는 발상 자체가 다른 사람들에게 허무맹랑한 것으로 받아들여졌다. 그런 고정관념을 바꾸는 것이 쉽지는 않았지만, 세계 최고 수준의 미술관을 지으려면 반드시 해내야 할 일이었다.

막상 연락을 받은 해당 건축가들은 불쾌하다는 반응이 대부분이었다. "다른 사람과의 공동 작업은 원하지 않습니다." 나는 역발상으로 그들을 설득했다. "미술관 부지가 길쭉한 모양새이기 때문에 하나의 컨셉보다는 서너 가지 다른 컨셉의 미술관을 한자리에 펼쳐놓으면 정말 멋있을 겁니다. 세계 최고의 건축가들이 공동으로 하나의 공간을 창조해낸 전례가 없지요. 그렇기 때문에 세계적인 명소가 될 것입니다."

　진실과 열정은 못 당하는 법이다. 현지로 여러 번 가서 간곡하게 설득하는 과정을 거친 후에야 그들의 눈빛이 달라졌다. "한 번 해봅시다."

　이렇게 해서 네 명의 건축가가 서울 한남동에 모여들어 미술관 건물을 설계하기 시작했다. 일명 'H 프로젝트'였다.

　리움미술관은 2004년에 완공됐다. 마리오 보타가 한국의 전통 도자기에서 영감을 얻어 설계한 고미술관, 장 누벨이 세계 최초로 녹슨 스테인리스와 유리를 이용해 만든 현대미술관, 램 쿨하스가 설계한 삼성아동교육 문화센터. 세계적인 건축가들의 개성 넘치는 작품들이 한 공간에 어우러져 있다는 것 자체가 굉장한 일이었다.

　하지만 리움을 떠올릴 때마다 아쉬운 기분이 들곤 한다. 원래 내가 만들고 싶었던 마스터 플랜은 거대한 미술관 콤플렉스였다. 미술관 주변 골목마다 아기자기한 아트숍, 따뜻하고 예쁜 카페와 자그마한 레스토랑이 있고, 거리의 예술가들이 넘쳐나 파리의 몽마르트르 언덕보다 낭만적인 세계적 명소로 탄생시키는 것이었다.

　하지만 주변 땅을 다 매입하지 못한 채 시간이 너무 흘러갔고, 사실과는 다른 일부 왜곡된 여론 때문에 계획을 조정해야만 했다. 이로 인해 테리 파렐이 설계한 한남동 입구 방향 뮤지엄숍도 사라지게 되었다. 이 H 프로젝트를 하면서 너무 감동적으로 느껴져 아직도 가슴 속에 남아있는 일이 있다. 이건희 회장의 문화에 대한 열정과 헌신적인 생각이다.

어느 날 리움미술관에 대한 마스터 플랜을 설명하고 있었는데, "정말 세계적인 미술관을 지을 수 있다면 여기에 있는 우리 집까지 부숴도 된다"고 말한 것이다. 이 말을 듣고 "유럽에는 명사의 사저를 역사적 유물로 보존하는 경우가 많습니다"며 만류하긴 했지만, 무척이나 감동적인 일화로 기억된다.

내가 했던 프로젝트 중 가장 아쉬운 것은 지금 도곡동 타워팰리스 자리에 세계적인 전자 디지털 복합단지 개발의 꿈을 이루지 못한 것이다. 1993년 '신경영 선언' 이후 이건희 회장은 국가 장래를 위해서는 미래 지향적인 첨단 복합단지를 건설해야 한다고 주문했다. 삼성은 서울시 부지 매각 입찰에 참여해 서울시 강남구 도곡동의 부지 2만 2천여 평을 사들였다.

부지를 매입할 때 나를 비롯한 신경영 추진팀의 꿈은 대단했다. 1년간의 작업 끝에 1996년 새해 1월, '도곡 디지털 파크 건립 계획안'을 완성했다. 계획안의 골자는 연면적 10만 5,785.6㎡(3만 2천 평) 부지에 지상 111층(450미터)짜리 건물을 세우고 그 속에 세계 최고의 전자 디지털 복합단지를 만드는 내용이었다. 초일류 전자 관련 회사들, 전자쇼를 할 수 있는 컨벤션센터, 세계의 전자 산업을 한눈에 볼 수 있는 전자도서관, 정보센터 그리고 은행, 법무법인 등 24

시간 비즈니스가 이루어지는 세계적 비즈니스 파크를 꿈꾼 것이다. 세계의 비즈니스맨들이 이곳에 한 번쯤 와보지 않으면 전자나 디지털 산업을 논할 수 없도록 만들고 싶었다.

문제는 건축 허가였다. 우리는 도곡동 플랜을 허가받기 위해 고품위 양재천 개발 계획을 제안하고 30억 원 정도의 사전 투자를 했다. 이것이 지금 양재천이 탄생한 최초의 배경이 됐다. 하지만 1996년 초, 인허가 작업에 들어가자마자 지역 주민들의 반대에 부딪혔다. "그렇지 않아도 강남 일대 교통이 복잡한데, 그런 대단위 복합 단지가 들어서면 교통 체증이 어마어마해질 것입니다."

사실은 거꾸로다. 전자 복합 단지가 들어선다 해도 그 지역 시민들과는 출퇴근 방향이 반대이므로 오히려 교통 체증을 분산하는 효과가 있었다. 게다가 우리는 교통순환체계에 대한 연구도 이미 면밀하게 진행해둔 상태였다.

새로운 위기가 겹쳤다. IMF가 터진 것이다. 게다가 회사 내부에서는 전자 디지털 단지 계획 자체를 포기하고 물론 유동성 자금 확보를 위해 도곡동 부지를 매각해야 한다는 의견들이 만만찮게 터져나왔다.

결국 도곡동 전자 복합단지는 주상 복합건물로 용도를 변경해 지금의 타워팰리스를 만들게 되었다. 나중에 이 일을 두고 여기저기서 후회하는 목소리가 높았다. 서울의 경쟁력이 곧 국가의 경쟁력이다. 싱가포르, 도쿄를 능가하는 첨단 사업의 메카를 만들 절호의 기회가 사라져버렸기 때문이다. 나는 아직도 타워팰리스 세 개 동이 들어서기 전에 찍은 부지 항공사진을 볼 때마다 진한 아쉬움을 느낀다. 하지만 세계의 비즈니스맨들이 도곡동으로 몰려드는 상상을 실현하려 한 노력만으로도 내 인생에 잊을 수 없는 짜릿한 경험이 되었다.

스페인의 쇠락해가는 탄광도시 빌바오를 회생시킨 것은 세계적인 건축가 프랑크 게리의 구겐하임 뮤지엄이다. 이 미술관 하나로 연 2백만 명의 관광객을 유치하고 있다. 우리의 도시도 바뀌어야 한다. 이제 세계 어디에서도 찾아볼 수 없는 랜드마크를 만들어야 할 때다.

02

창조는 발품에서 시작된다

하늘에서의 상상.

나는 가끔 비행기에서 내다보이는 구름 하늘을 보며 상상의 나래를 편다. 그 구름 하늘 속에는 가족이 산책 나오는 것도 보이고, 어린이들이 동동 뛰어다니는 모습이 보인다. 그리고 전혀 다른 새로운 세상의 점포의 모습을 상상해 본다. 이렇게 나는 무엇이든 보면 상상하는 습관 덕분에 아이디어를 많이 낼 수 있는 것 같다.

발품 없는 상상에서 창조는 나오지 않는다. 창조는 발품의 노력과 아픔에서 시작한다. 머리 좋은 사람이 세상에 나가 찾아보지도 않고 그냥 책상 머리에서 상상하고 새로운 물건을 만들었는데, 나중에 알고 보니, 이미 세상에는 그 물건보다 훨씬 더 좋은 것이 나와있다면 무슨 의미가 있겠는가? 진정한 창조는 먼저 발품을 팔아서 세상에서 가장 좋은 것을 실제로 보고 눈으로 느끼고 그 바탕 위에서 더 새로운 것을 만들어야 할 것이다.

'Take the best, make it better.'

세상에서 가장 최고를 가져와서 더 잘 만들어라.

'When it does not exist, Create it!'

최고가 존재하지 않으면 새롭게 창조하라.

세상에서 가장 최고를 가져올 때 필요한 것은 바로 발품이다. 최고를 가져올 때에는 주변의 것들을 다 봐야 하고, 그보다 더 잘 만들 상상을 하고 창조하는 것이다.

창조의 기본은 바로 발품이다.

23전 23승. 이순신 장군의 전쟁 기록이다. 이러한 놀라운 전승의 비결은 발품에 있었다. 그 발품의 결과로, 질만한 싸움엔 한 번도 나가지 않은 것이다. 간단한 것처럼 보이는 이 비결 속엔 발품이 있었다.

남해안, 서해안 일대 지형지물의 생김새, 바람의 방향, 바다의 깊이, 물살의 속도, 그리고 연교차까지 세밀하게 파악하는 엄청난 발품을 통해 이길 수 밖에 없는 전략과 거북선이라는 창조적 병기를 상상하고 만들어 냈다. 이순신 장군이야말로 진정한 발품의 대가라 할 수 있겠다.

홈플러스를 처음 만들 때도 나는 엄청난 발품을 했다. 지구 12바퀴를 돌아 세계 25개국의 온갖 형태의 유통업태와 채널을 벤치마킹하고, 끊임없는 고객조사를 통해서 극심한 시장경쟁에서 이길 수 밖에 없는 전략과 원스톱 쇼핑과 생활서비스를 결합한 새로운 형태의 가치점을 창조했다.

손에 쥐고 있는 이 마우스는 어떤 상상으로 만들었을까? 책상 저기 놓인 저 시계. 만들어질 때 어떤 상상이 담겨 있었을까? 우리들 주변에 늘 보던 익숙한 물건들 속에도 어쩌면 이렇게 누군가의 상상이 숨겨져 있을 것이다.

사실 많은 것들이 매우 엉뚱한 상상력을 시작으로 해서 만들어지기도 한다. 무엇을 보면 연계해서 머리 속에 튀어나오는 엉뚱하고 재미난 생각들. 상상으로만 끝나지 않을 수 있다고 생각하면, 세상은 좀 더 재미있기도 할 것 같다.

보이는 것만 보는 것이 아니라 그 이상의 것들을 상상해 보자. 이제 여러분의 발품과 상상으로 시작될 세상에 수많은 멋진 일들이 일어나기를 기대한다.

03

소 다리수 세어서
넷으로 나누기

"할아버지, 뭘 그렇게 보세요?"

"야 이 사람아, 난 창밖을 내다보면 세상만사가 다 보여!"

어느 날 기차여행을 하던 청년이 계속 창밖을 보며 중얼거리는 노인과 나눈 대화이다.

청년은 재미있는 할아버지다 생각하고 장난기가 생겼다.

"할아버지, 이제 곧 목장을 지날텐데 그럼 목장의 소가 몇 마리인줄 아세요?"

기차가 목장을 지나자마자 할아버지는 "120마리"라고 대답하는 것이었다.

"아니 할아버지, 기차가 이렇게 빨리 지나가는데 어떻게 그걸 아세요?"

"그거야 간단하지, 나는 소 다리 수를 세어서 4로 나누었지"

이 이야기는 간단하게 할 수 있는 일을 복잡하게 처리하는 것을 빗댄 우화이자 큰 흐름을 보지 못하고 작은 것만 찾아 헤메는 것을 빗댄 이야기이기도 하다.

기업 경영은 물론 세상만사에 있어서도 소 머리 수를 세는 것이 아니라 소 다리수를 세어서 4로 나누는 비효율적인 사례들이 생각보다 엄청나게 많다. 일반적으로 우리 나라 기업들은 의사 결정을 할 때에 품의 결재 과정도 다리수를 세는 경우가 많다. 담당-과장-팀장-임원-부문장-사장의 긴 과정을 거친다. 여기에 합의 부서까지 끼우고 혹시 반려라도 되면 수차례 재품의를 해야 하는 상황이 된다.

이 얼마나 복잡한 과정인가? 과연 One Stop 의사결정은 불가능한 것일까? 나는 아마도 한국에서 가장 결재를 하지 않는 CEO 일 것이다. 대외적으로 공식 계약에 대표이사 서명이 필요한 정도를 제외하고는 우리 회사의 의사 결정은 주어진 사안에 대해서 관련 전문가들이 함께 모여 한꺼번에 의사결정을 하는 One Stop 의사 결정 체제를 운영하고 있기 때문이다. 소그룹으로 나누어서 한꺼번에 의사 결정하는 Decision Group인 RDG, PAG, PMG, WTM, MRM 등이 그것이다.

회의할 때도 그렇다. 우리가 회의하는 풍경을 보자. Global Sta-ndard 관점에서 선진국에서 도입한 회의 프로세스도 고쳐야 될 점이 많다. 회의의 중요도에 상관없이 기대사항(Expectation)을 받고 프리젠테이션을 한 후에 토의를 하고, 의사 결정을 한 후에 다시 또 차기계획(Next Step)을 정하고 좋았던 점과 우려 사항(Benefit & Concern)을 정하는 전 과정의 프로세스를 밟는 것은 소 다리 수를 세는 것이다. 물론 중요한 의사결정이라면 이 전 과정을 거치는 것이 바람직하겠지만 사전에 미리 자료를 배포하면 회의 시간은 훨씬 더 단축될 수 있다. 일반적이고 회의 주제가 가벼운 경우에는 바로 토의에 들어가고 의사 결정하는 프로세스로 들어가는 것이 바람직하다.

스피드는 곧 경쟁력이다.

회사가 경쟁력 있는 회사가 되느냐 아니냐를 결정하는 것이다.

지난 2월에 대기업병을 타파하기 위해서 서류 50% 줄이기, 회의 50% 줄이기 등 체질 개선을 위한 다이어트를 본격적으로 시작하였다. 회의 줄이기의 예를 들면 종류, 빈도, 시간을 각 20%만 줄여도 결국은 50% 정도가 줄어들게 되기 때문이다.

이렇게 하면 우리가 하는 소 다리 수 세는 회의는 개선된다고 생각한다. 우리 회사 업무에 있어서 소 다리 수를 세는 경우가 또 무엇이 있을까? 시스템이 매뉴얼보다 훨씬 효율적입니다만, 실제 운영할 때에 비효율적일 때가 있다. 우리 회사에서 연간 팔리는 상품 수는 약 12만 개이며, 한달 평균 매출이 발생되는 상품 수는 약 4만 개에 불과하지만, 현재 우리 회사 PMS 시스템에 등록되어 있는 상품 수는 무려 31만 개가 된다. 이는 우리 나라에 인구가 12만 명이 있는데 주민등록번호는 30만 개가 발급된 것과 같다. 상품 마스터에 과다하게 등록된 상품 수는 정보 처리 시간을 길게 할 뿐 아니라 필요 없는 상품 분석과 리포트를 양산시키게 된다. 최악의 경우에는 취급중지 상품도 자동 발주될 수도 있다. 이렇게 소 다리 수를 세는 비효율적인 시스템 운영은 기업의 경쟁력을 현저하게 떨어뜨리는 결과를 초래한다.

그래서 최근에 신규 상품 등록시 13개 화면을 옮겨가면서 119개의 항목을 등록해야 하던 것을 e-catalog로 한 화면에서 작업이 가능하도록 개선하였고 취급중지 상품 삭제도 54개 점포별로 일일이 접속해 하던 것을 One Stop 으로 개선하였다.

질문에 대한 대답도 마찬가지이다.

내가 질문을 하면 답을 하는 사람이 질문에 대한 답은 하지 않고 장황하게 설명하거나 변명부터 늘어놓아 가끔은 당혹스럽기도 한다. 이제야 대답하겠지 하고 기다려도 계속 대답하지 않는 경우가 있는데, 시간에 쫓기는 비즈니스 세계에서 질문에는 우선 답부터 하고 필요하면 설명을 하는 것이 보다 바람직할 것이다.

친구간의 갈등 문제도 다른 사람의 입을 통하여 와전되면 큰 오해를 쌓기도 하지만 직접 만나서 솔직히 말하면 쉽게 해결 될 수도 있다.

소 다리 수를 세지 말고 용기 있게 소 머리 수를 세어야 한다는 뜻이다. 미항공우주국인 NASA에서 우주 공간의 무중력 상태에서도 쓸 수 있는 볼펜을 개발했다. 볼펜은 중력에 의해서만 잉크가 나오기 때문이다. 그러나 러시아에서는 뭘 쓰고 있나 봤더니, 아직도 연필을 쓰고 있더라는 이야기가 있다. 러시아에서는 그렇게 엄청난 투자를 해서 볼펜을 개발하는 것이 그다지 새로운 가치를 창출하지 않는다고 생각했기 때문이다.

여러분이라면 과연 어떤 결정을 할까?
나는 여러분이 가치 없는 것을 과감히 제거하고 새로운 가치를 더하는 생생한 경험에서 우러난 창의적인 아이디어를 제안하는 것을 가장 좋아한다. 이것이 바로 TOWBID 활동의 근간이다. 어쩌면 우리는 별로 가치 없는 소 다리 수를 세는 일에 80%의 시간과 자원을 소모하고 있는 것은 아닌가 생각한다.

TOWBID는 이러한 가치 없는 80%를 제거하고 20%에 집중하자는 것이다. TOWBID는 Technology for less, 할 수 있는 모든 일을 최대한 시스템화하고, Operate for less, 모든 일을 단순화하여 저비용 운영 구조를 갖추고, Work for less, 하나라도 가치 없는 일을 제거하고, Buy for less, 보다 저렴하게 구입해서 보다 더 저렴하게 판매하고, Invest for less, 쓸데없는 투자비를 일체 줄여나가고, Distribute for less, 가장 효율적인 물류 서비스를 만들어 내는 즉 영업, 생산성, 협력, 투자의 효율성을 제고하는 총체적 경영 혁신 활동이다. 우리는 TOWBID 를 생활화하여 한국에서는 물론 세계에서 가장 경쟁력 있는 회사를 만들어 내야 한다. 여러분도 각자 일하면서 가치 없는 것을 제거하고 가치 있는 일에 집중하는 방법이 무엇인지 항상 생각하길 바란다.

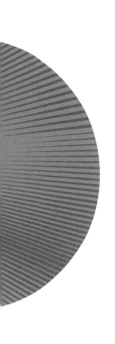

04

저런 그림은
나도 그리겠다

"저런 그림은 나도 그리겠다."

점 하나 찍어놓은 작품이나 선 몇 개뿐인 그림을 보면서 많은 이들이 이렇게 말하곤 한다. 요즘 미술을 즐기는 사람들이 많이 늘었지만, 사실과 너무 달라 황당해 보이거나 복잡해 보이는 그림을 보면서 어떻게 해석해야 할지 난감해 하는 경우가 종종 있다.

물론 현대미술은 이해하기가 어렵다.

나는 그 이유가 상상의 세계에서 창작해 낸 것이기 때문이라고 생각한다. 20세기 이전까지만 해도 미술가들은 성경에 나오는 이야기나 귀족의 초상화, 정물화, 풍경화 등의 사실화를 그렸다. 20세기 들어서면서부터 미술가들은 사실을 그리던 종전과는 달리 생각과 감정을 그리는 새로운 도전을 하기 시작하였다. 이런 작품들에는 창의적인 사람들의 상상의 세계를 여행할 수 있어 우리를 흥분시킨다.

이제 여러분과 함께 대가들의 그림을 보면서 상상의 세계로 떠나보자.

먼저 내가 홍보대사를 맡기도 했던 색채의 마술사 앙리 마티스의 세계로 들어가 보자. 앙리 마티스가 1905년 발표한 <모자를 쓴 여인>이라는 작품은 마티스의 부인을 그린 초상화로 마티스를 유명하게 만들어준 작품이자 야수파의 시초가 된 작품이기도 하다. 그런데 인물 표현방식이 그 당시로서는 무척이나 파격적이었다. 커다란 모자는 물감을 덕지덕지 붙인 꼴이고 얼굴도 살색 대신 녹색, 파랑색 등을 칠했으며 목에는 빨강과 주황을 낙서하듯 칠했다. 마티스는 기존의 우아하고 아름다운 초상화의 전통을 전면으로 부정하며 부인의 모습을 보이는 그대로 그린 것이 아니라 자기가 느낀 부인에 대한 감정을 표현해낸 것이다.

이성보다 감성을 중시했던 마티스는 인간의 다양한 감정을 색채로 표현했고, 많은 비판에도 불구하고 야수파라는 새로운 사조를 탄생시켰다. 3년밖에 진행되지 못했지만 영향은 그 후 100여년에 걸쳐 오늘날 현대 미술의 새로운 역사를 태동시키는 근간이 되었다. 바로 미술계의 블루오션을 만들어 낸 것이다.

앙리 마티스와 평생토록 질투하고 싸우고 화해하고 예술적 영감을 주고 받으며 천재성의 우열을 가르는 세기의 대결을 벌인 화가가 있었다. 바로 피카소이다. 통상 피카소를 입체파 화가로 알고 있지만, 피카소는 93년 평생 미술의 여러 장르에서 변화와 개혁을 추구했다. 그에게는 창의적인 일을 하는 것이 곧 휴식이었다. 나는 피카소가 창안한 콜라주 기법의 그림을 보면서 고정관념의 벽을 넘는 것에 대해 생각해 보고자 한다.

1912년 밧줄을 두른 캔버스에 그린 〈등나무 의자가 있는 정물〉이라는 그림이다. 이 그림으로 피카소는 그림이란 캔버스에 붓과 물감으로 그리는 것이란 기존의 전통을 파괴하였고, 이때부터 사물을 보고 그리는 것에서 대상을 직접 붙이는 콜라주 기법이 널리 쓰이게 되었다. 피카소는 콜라주 기법 외에도 폐품을 활용한 조각, 판화, 무대 미술, 도자기, 벽화, 그래픽 아트 등 미술계의 모든 유파를 섭렵한 다양한 분야에서 새로운 시도와 위대한 업적을 남겼다. 정말이지 창조의 천재이고 대가이다. "이미 알고 있는 것은 전혀 흥미롭지 않다." 평생 새로운 형식을 창안하고 미술의 영역을 넓힌 피카소다운 말이다.

작년 봄 시립미술관에서 연장 전시까지 되면서 우리나라를 뜨겁게 달구었던 상상의 화가, 르네 마그리트를 기억하는가? 르네 마그리트의 유명한 그림들이 많이 있지만, 나는 개인적으로 〈보이지 않는 선수〉라는 그림을 좋아한다. 무한한 상상이 가능하기 때문이다.

여러분은 이 그림을 어떻게 해석하나요? 나무 기둥은 마치 가구 같은 모양이고 벽장 속의 마스크를 쓴 여인은 여성해방을 표현하고자 하는지 환경오염을 풍자하는 것인지 알 수가 없고, 타자의 야구방망이와 포수의 공받는 방향이 엇갈려 있고, 하늘에는 자라인지 거북인지 모를 검은 물체가 날고 있다.

마그리트는 이렇듯 사물의 본래 기능을 제거하고 낯설게 만들어서 관람객에게 신선한 충격을 주는 '더페이즈망'(depaysement), 즉 '낯설게하기' 기법으로 고정관념을 해방시키려 했다. 그는 "자신의 작품을 모든 사람이 똑같이 해석한다면 실패다"라며 각자가 무한한 상상의 세계로 마음대로 여행하기를 원했다. "내게 있어 세상은 상식에 대한 도전이다"라고 말한 마그리트에게서 우리는 상식을 깨는 방법, 상상을 표현해내는 방법을 배울 수 있다.

내가 여러분에게 미술 작품을 설명하는 것은 우리 홈플러스에 마티스 같은, 피카소 같은, 마그리트 같은 창조적 영감을 불어넣고 싶기 때문이다. 창조경영의 대가 루트번스타인 교수도 창조경영의 출발점은 예술이다. 시와 음악, 미술, 공연 등 예술은 세상을 다르게 볼 수 있는 실마리를 제공한다. 여기서 바로 창의력이 나온다라고 했다.

애플의 스티브 잡스는 평소 영국 낭만주의 시인 윌리엄 블레이크의 시를 읊고, 빌 게이츠도 수시로 미술 작품과 역사적 유물을 수집한다. 사치 앤 사치의 케빈 로버츠는 틈날 때마다 무용수의 동작에 빠진다. 세계에서 가장 창의적인 CEO들은 이렇게 창의의 광산인 예술에서 보석의 모티브를 캐내기 위해 노력한다.

경영과 예술의 세계는 참으로 닮았다. 창의적 영감을 얻는 것에서부터 아이디어를 개발하고 늘 자신의 작품이 불완전하다고 생각하고 최고의 작품을 만들기 위해 자신의 혼과 열정을 불태우는 것까지. 완전함을 추구하기 위해 경영을 예술처럼 해야 한다는 것도 이런 이유에서이다.

나는 새로운 세계로 상상여행을 떠날 때 늘 그림을 그리듯이 캔버스에 먼저 구도를 그려낸다. 크게 보고 세심하게 터치하는 박이정(博而精)의 생각으로 전체 흐름을 어떻게 할 것인지 구도를 잡고 문화라는 색깔을 어떻게 입힐 것인가 생각한다. 그 다음 큰 붓으로 큰 흐름을 힘있고 강렬하게 그려내고, 세심한 부분에는 작은 붓으로 터치한다. 비즈니스 포트폴리오나 성장 전략, 기업 문화까지 경영 전 부문에 있어서 이렇게 상상 여행의 그림을 그린다. 수채화처럼 한 번에 다 끝낼 수 있다면 좋겠지만, 수시로 변하는 경영환경에 적응하기 위해서 계속 덧칠하면서 아직도 유화를 그리고 있다.

여러분! 새로운 창조의 세계로 상상 여행을 떠나보지 않겠는가? 이제 여러분도 업무에서뿐만 아니라 모든 일상생활에서 상상력이 만들어내는 위대한 세계를 경험하기 바란다.

05

Create or Die!

창조는 더이상 선택사항이 아니다. 모방과 점진적 개선만으로는 쪽박을 차게 될지도 모른다. 쇠락해 가던 스페인의 작은 탄광 도시 빌바오에 대박을 가져온 것은 세계적 건축디자이너 프랑크게리가 디자인한 '구겐하임 빌바오 뮤지엄'이다. 이 뮤지엄 때문에 매년 150만 명 이상의 관광객이 몰려들고 있으니, 창조 하나가 도시 하나를 먹여 살리고 있는 셈이다.

세상은 이미 정보화시대에서 창조화시대라는 제4의 물결로 넘어가고 있다. 창조적 상상력이 세상을 뒤바꾸고 있는 것이다.

창조의 비결은 과연 무엇일까. 창조는 개인이든 기업이든 국가든 얼마나 높은 비전과 목표를 가졌느냐에 달려있다. 두바이 사례도 높은 비전이 창조 도시의 원동력이 됐다. 황량한 사막 도시가 7성 호텔 '버즈 알 아랍', 세계 최고층 빌딩 '버즈 두바이', 인공섬 'The World' 등으로 세계적인 비즈니스 센터와 휴양도시로 떠오르고 있는 것이다.

두바이가 이렇게 기상천외한 아이디어를 도입할 수 있었던 것은 2006년 700만 명의 관광객을 2018년에는 1억 명으로 늘리겠다는 야심 찬 목표를 가졌기 때문이다. 만약 800만 명을 목표로 정했다면 이런 창의적인 아이디어들이 나올 수 있었을까?

두바이가 성공할 수 있었던 또 하나의 결정적인 배경은 대박을 터트릴 수 있는 프로젝트를 백지 위에 마음대로 그려내고, 국가가 이런 계획을 성공적으로 이루어 낼 수 있도록 제도와 법규를 뒷받침해준 데 있다.

영국의 경우도 마찬가지다. "Design or resign" 디자인하지 않으려면 사퇴하라. 영국의 마거릿 대처 수상이 취임 후 각료 회의에서 강조한 말이다. 이후로 영국은 창조에 초점을 맞추고 집요하게 추진한 결과 현재 창조산업이 GDP의 8.2%를 차지하고 있으며, 195만 명의 일자리를 창출하게 됐다.

우리나라의 현실은 어떠한가. 아직도 산업분류 체계에 창조산업은 없다. 두바이와는 반대로 주어진 제도와 법규 내에서 마스터 플랜을 짜야 하기 때문에 대박창조는 거의 불가능하다.

제4의 물결을 이끄는 국가가 되기 위해서는, 위대한 국가건설의 높은 비전을 세우고 대박 창조를 실현할 수 있는 문화와 환경을 만들어 주는 리더의 노력이 절실히 필요하다.

Create or Die! 창조하지 않으면 살아남지 못한다.

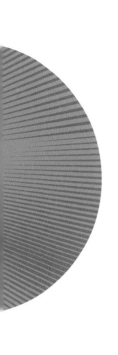

06

창의의 씨앗은
어린 시절에 뿌려졌다

"소(小)!"

"중(中)!"

저쪽에서 형님들이 보내는 신호 소리가 들려왔다. 아직 움직일 타이밍이 아니었다. 갑자기 큰형님 손바닥만 한 개구리가 눈에 들어왔다. "대(大)!" 내 외침 소리를 듣고 달려온 형님들은 각자 들고 있는 막대기로 순식간에 개구리를 기절시켰다. 이렇게 잡은 개구리는 닭들의 모이가 될 것이었다. 우리 형제들은 개구리 사냥을 할 때마다 각자의 활동 반경에서 움직이되 자신이 발견한 개구리의 크기에 따라 '대', '중', '소'라는 신호음을 보냈고, 그 소리를 기준으로 모였다 흩어졌다를 반복했다.

내 고향은 경북 칠곡군 왜관읍 왜관동이다. 마을 옆으로 낙동강이 유유히 흐르는 그곳에서 부모님은 정미소와 솜틀 공장을 운영했다. 여느 시골집들처럼 집 뒤편에 텃밭도 있고 과수원과 양잠을 비롯해 소규모로 양계도 했다. 도정한 쌀이나 완성된 이불솜을 배달하기도 했으니, 우리집은 그야말로 1, 2, 3차 산업을 두루 갖춘 종합 타운인 셈이었다. 일곱 형제 중 막내로 태어난 나는 그곳의 당당한 일원이었다.

여러 가지 일들 중에 특히 재미있었던 것은 솜틀 공장에서 했던 일들이다. 늦가을 즈음 농부들이 목화를 따오면 공장에 단 두 대뿐인 기계가 돌아가고, 나는 '타잔'으로 변신하곤 했다.

톱날 모양의 이를 가진 원통을 회전시키며 목화를 넣으면 씨는 톱날 위에 남고 잔털 같은 솜들만 기계 밖으로 나온다. 이 자잘한 솜들을 모아서 이번에는 솜 타는 기계에 넣는다. 솜들은 서로 엉겨붙고 부드럽게 부풀려져 하얗고 널찍한 모양새를 갖춘 채 기계 밖으로 모습을 드러낸다.

이렇게 나온 이불솜을 형님이 일정한 길이로 잘라 대형 작업대 위에 깔아 주면 나는 이불솜 끝자락에 길고 동그란 방망이를 놓은 후 김밥처럼 돌돌돌 말았다. 천장에 대롱대롱 달린 대여섯 개의 끈을 붙잡고 두 발로 방망이를 밀어 앞뒤로 굴리는 것이다. 이렇게 하면 손으로 하는 것보다 훨씬 더 빨리 할 수 있고 체중만큼 이불솜에 압력이 가해져서 압축이 잘 된다. 타잔이 밀림의 나무들 사이로 줄을 타고 날아다니는 것처럼 나는 '천장의 끈을 잡고 두 발로 이불솜 말기'의 달인이 되었다.

이렇게 이불솜을 만드는 데에도 그 당시로서는 매우 창의적인 분업과 새로운 이불 말기의 기술이 개발된 셈이다.

누군가 왜 그렇게 열심히 했느냐고 묻는다면 이렇게 답을 하겠다. "그 때 하던 일들은 모조리 재미있고 신이 났다."

어린 시절에는 강압적이지만 않다면 모든 것이 놀이와 같다. 우리집은 부모님이 큰 틀을 잡아놓으면 세세한 일은 일곱 형제와 직공들이 알아서 하는 분위기였다. 우리가 먹고사는 것과 관련된 생업이기도 했지만 하나하나의 작업 과정은 뭔가 나의 열정을 자극하는 구석이 있었다. 목화솜 수확 시기가 늦가을에서 초겨울까지였으니 우리의 솜 공장은 겨울에 가장 바빴다. 그에 반해 정미소가 바쁜 시기는 봄, 가을이었다. 봄에는 보리를 도정 해주거나 밀가루를 빻아주고, 가을에는 쌀을 도정해 주고 현물로 삯을 받았다. 부모님은 그 삯으로 일곱 형제들을 먹이고 입히고 가르쳤다.

지금도 눈을 감으면 고향 풍경이 눈에 선하다. 대문을 들어서면 넓은 마당 왼쪽에 정미소와 솜틀 공장 그리고 직공 둘이 기거하는 방이 있었고, 공장 건물 옆으로 큼직한 단층집이 있었다. 집 뒤와 옆으로는 가을에 타작하는 공터가 있었으며 그 옆으로 꽤 넓은 텃밭이 있었다. 감나무가 울타리처럼 자라는 그 텃밭에서 우리 식구는 감자와 호박, 무, 배추, 오이, 가지, 고추 등 갖가지 채소를 갈아

먹었다. 마당 한쪽에 자리 잡은 헛간에는 말이 끄는 수레가 하나 있었는데, 도정한 쌀이나 완성된 솜을 배달하기 위한 것이었다. 나도 말을 부려서 수레깨나 몰아보았다.

집안에서 벌어지는 다양한 일들은 언제나 나의 호기심과 상상력을 자극했다. 그래서인지 누가 시킨 것도 아닌데 집안 사정이 어떻게 돌아가고 있는지 늘 관찰하던 기억이 난다. 올해 농사 수확은 얼마나 되고 도정은 몇 가마니나 했으며 이불솜은 몇 집이나 틀었는지, 과수원에서 사과는 몇 상자나 땄는지 등등을 혼자 셈해보곤 했던 것이다.

"나는 듣고 잊는다. 나는 보고 기억한다. 나는 행하고 이해한다." 이 고대 중국의 격언은 몸으로 직접 부딪혀본 경험을 통해 세상의 진리를 체득할 수 있다는 뜻이다. 단순히 지식으로 듣거나 외워서 '안다'는 것과 뼛속 깊이 '이해하고 체득한다'는 것은 차원이 다르다. 로버트 루트번스타인이 자신의 책 《생각의 탄생》에서 강조한 것처럼 창의적인 생각은 '몸의 움직임' 혹은 '움직임의 기억'과 깊은 연관이 있기 때문이다.

그런 면에서 나의 유년기와 청년기는 내 몸 속에 창의성의 씨앗을 아주 많이 심어놓은 것 같다. 어린 시절 우리집 종합 타운에서 자연스럽게 몸으로 일하면서, 몸으로 기억하며 세상 돌아가는 이치를 익힐 수 있었으니까 말이다.

부모님이 만들어 놓은 울타리 속에서 우리 형제들은 자급자족하는 일상을 배웠고 다양한 일의 시작과 끝을 몸으로 익혔다. 물고기도 잡고, 참새와 개구리 사냥도 해 보고 감자의 싹을 칼로 잘라 재를 묻혀 땅에 묻으면 그게 또 하나의 새로운 감자가 된다는 자연의 이치도 알게 되었다. 목화를 따서 이불솜으로 가공하는 공정도, 이웃집 모내기를 도운 땀의 대가가 가을에 어떤 식으로 나타나는지도 몸으로 기억했다.

우리 형제들 대부분이 사회에 나와 성공하게 된 것은 성장기에 이런저런 다양한 경험을 한 덕분이 아닐까 하는 생각이 든다. 창의성이라는 것은 두려움이 없는 상태와도 관련이 있다. "그게 잘될까? 괜한 비난을 듣느니 안 하는 게 낫지 않을까?" 어떤 일을 하기 전에 지레 겁부터 먹는 사람들에게 대부분 "마음을 크게 먹으라"고 조언하지만, 내가 보기에 심리적인 자신감은 결국 다양한 '경험'에서 온다. 열심히 부딪쳐본 경험이 없으면 그 과정과 끝을 잘 모르기 때문에 시작부터 두려운 것이다.

우리 부모님은 옛날 분들이지만 '변화'에 대한 거부감이 전혀 없었다. 그래서 이것도 시도해보고 저것도 시도해보며, 일단 시작한 다음에는 무조건 열심히 했다. 내가 그 환경에서 나고 자란 것은 대단한 행운이다. 사회생활을 하면서 얻은 별명 중의 하나가 바로 '아이디어 뱅크'인데, 새로운 프로젝트를 할 때마다 매번 아이디어가 샘솟는 것은 아마도 무엇을 생각하는 데에 두려움이나 경계선이 없기 때문인 것 같다.

우리는 모두 자기 밥벌이를 하던 아이들이었다. 그리고 몸으로 일하던 수 많은 기억 속에서 노동의 참된 의미와 세상 돌아가는 이치를 자연스럽게 체득했다. 우리의 성장 과정은 함께 일하는 팀워크 속에서 강인함과 인내심, 지혜와 창의성을 키우는 여정이었다 해도 과언이 아니다.

창의의 씨앗. 나는 지금도 창의의 씨앗을 뿌리고 있다. 조금만 햇살을 비추거나 물을 주어도 쉽게 싹을 틔운다. 그것은 어린 시절 심겨진 창의의 씨앗 덕분일 것이다.

(저서《창조바이러스 H2C》에서 발췌)

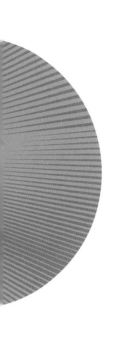

07

메타포로 경영하라

"왜 비유로 말씀하십니까?"

제자들이 예수님에게 물었다.

"내가 비유로 말하는 이유는 사람들이 보아도 보지 못하고 들어도 듣지 못하고 깨닫지 못하기 때문이다."

신약성경 마태복음 13장 10~13절에 나오는 이야기다. 예수님은 인류 역사상 비유를 가장 적절하게 사용했던 소통의 대가였다. 어떻게 말을 해야 사람들의 마음을 움직일 수 있는지 잘 알고 있었다.

최근 삼성경제연구소에서 조사한 자료를 보면 한국 기업의 소통 수준은 100점 만점에 54점에 머물고 있는 것으로 나타났다. 거의 낙제점이라고 할 수 있다. 조직의 경영자나 구성원들이 느끼는 소통의 체감도도 결코 다르지 않았다. 이 조사에서 조사대상 직장인 4백 43명 중 65.3%, 경영자 4백 92명 중 46.0%가 조직내 소통이 잘 안 된다고 응답했다.

이처럼 사람들 사이에서 가장 어려운 일 가운데 하나가 바로 소통이다. 많은 사람들이 잘못된 소통으로 서로 오해하고 싸우거나 헤어지기도 한다.

기업 내에서도 마찬가지다. 경영자와 조직 구성원들 간에 소통이 안 되고 공감이 안 되는 조직은 성과를 창출할 수 없다. 염화미소(拈華微笑)라는 말이 있다. 부처가 설법을 하면서 연꽃 한 송이를 들어 사람들에게 보이자 아무도 그 뜻을 몰랐지만 마하가섭이라는 제자만이 그 뜻을 알고 미소를 지었다는 데서 유래된 말이다. 탁한 연못에서 피어나는 연꽃을 통해 혼탁하고 어지러운 세상에서 깨달음을 얻는다는 비유를 그 제자는 알아들었던 것이다.

요즘 기업은 물론 정치, 사회적으로도 이슈가 되고 있는 것이 소통이다. 정보가 넘쳐나는 멀티미디어의 시대에 소통이 부족하다는 것이 참으로 아이러니하다. 소통은 정보의 양과는 상관관계가 없다는 것을 보여주고 있다. 비유를 통한 소통의 예를 소개한다.

런던 빅벤에서 따온 '고객 의회'
모두가 아는 것처럼 홈플러스의 점포 외관은 영국의 빅벤의 모습을 형상화했다. 그 점포 모양은 테스코와 전혀 상관없이 홈플러스에서 독자적으로 만든 것이다. 단순히 영국계 회사라고 해서 그 나라의 건축물 형태를 가져온 것은 아니다.

빅벤은 영국 국회의사당의 부속 건물이다. 홈플러스 점포 외관은 '고객 의회'라는 의미로 언제나 고객의 목소리에 귀를 기울이는 고객 중심 경영을 펼치겠다는 의지가 담겨 있다.

이를 위해 커스터머 플랜(Customer Plan)이라는 혁신 프로그램을 진행하고 있으며 매년 100회 이상 철저한 고객조사를 실시하고 고객의 의견을 수렴, 경영에 반영하고 있다.

생선매대는 설치예술의 캔버스

"당신 예술가야!"

2004년 홈플러스 서부산점을 돌아보다 수산 코너 앞에서 발걸음이 멈춰졌다.

"네? 무슨 말씀이신지."

예술가라는 이야기에 담당자조차도 얼떨떨한 표정이었다.

"이 수산 코너가 마치 그림을 그리는 캔버스처럼 보이거든."

부채 모양으로 화사하게 펼쳐진 꽃게들, 동심원을 그리며 혹은 기하학적 무늬를 이루며 쌓여 있는 싱싱한 고등어와 갈치, 새우, 조개들, 바닥에 깔린 얼음 알갱이는 호수처럼 투명하고 그 위의 생선들은 군무를 추는 것처럼 생동감 있게 보였다. 재료가 수산물일 뿐 내 눈에는 그것이 설치미술 작품이라고 해도 손색이 없어 보였다.

나는 수산 코너 담당자에게 'Master of Fish'라는 호칭을 주고 그의 코너를 미술 작품이 구현되는 캔버스라고 칭했다. 자신의 일에 대한 그 담당 직원의 자부심이 얼마나 높아졌을지 충분히 짐작할 수 있을 것이다.

'예술가'라는 한 마디에 담당자는 혼신을 다해 자신의 코너를 꾸몄고 뛰어난 성과를 거두었다. 훗날 다른 점포의 점장으로 부임하는 개인적인 발전도 이루어 낼 수 있었다. 그냥 "생선을 잘 진열했다"고 이야기했더라면 이렇게까지 될 수 있었을까? 그저 의례적인 칭찬이라고 생각하고 별생각 없이 지나칠 수도 있었을 것이다. 메타포는 조직뿐만 아니라 한 사람을 바꿀 수 있는 힘도 가지고 있다.

병풍 경영

홈플러스를 경영하면서 병풍 위에 매년 목표달성을 위한 큰 그림의 구도를 그려왔다. 이것을 나는 '병풍경영'이라고 부른다. 매년 달성해야 할 목표가 한 해 한 해 모이다 보니 한 폭의 병풍같은 그림이 그려지고 미래에 대한 고민도 꾸준히 하면서 현재 비어 있는 병풍에 채울 그림들을 늘 생각하고 있다. 병풍경영은 일관성 있고 계획성 있는 경영을 가능하게 해준다.

경영의 일관성을 잃는 기업들의 문제 중 하나는 경영자가 바뀌거나 해가 바뀔 때마다 경영의 큰 틀이 너무나 쉽게 바뀐다는 것에 있다. 지난해 해왔던 경영에 대해서 깡그리 무시하고 올해는 전혀 새로운 방향의 경영을 모색한다. 그러다 보니 경영을 일관되게 이끌어 나갈 수가 없다.

병풍경영은 현재와 과거뿐만 아니라 미래에 대한 계획도 고민하게 해준다. 비어 있는 앞으로의 병풍을 보면서 향후 5년간의 경영을 늘 고민하고 있기 때문이다.

병풍경영은 홈플러스가 단기간에 급성장을 해나가면서도 비전 달성과 기업문화 구축이라는 두 마리 토끼를 다 잡을 수 있었던 비결이기도 하다.

감성의 돌멩이로 골리앗을 이기다

"1년 안에 잠실 롯데마트를 따라잡겠습니다. 그리고 3년 이내에 잠실 지역의 판세를 바꾸겠습니다." 2007년 잠실 홈플러스를 개점하면서 가진 기자 간담회에서 기자의 질문에 답했던 말이다.

처음 잠실점을 개점할 때만 해도 잠실의 터줏대감이라고 할 수 있는 롯데마트와는 경쟁이 되지 않을 것이라는 생각이 지배적이었다. 이 때 내놓았던 경쟁 방법이 바로 '감성의 돌멩이로 골리앗을 이기겠다'는 것이었다.

이 표현은 감성점 콘셉트를 통해서 이 지역의 거인인 롯데마트를 따라 잡겠다는 의지의 표현이었다. 간단한 한 구절의 말이었지만 그 어떤 요란한 구호나 긴 설명보다 명쾌하게 모든 조직원들이 한 방향으로 나아갈 수 있는 힘을 얻을 수 있었다. 메타포의 힘이었다.

거리에서 테라스 카페로 들어서면 막 구워낸 빵 냄새와 커피 향과 로맨틱한 재즈 음악이 둥둥 떠다니고 그림이 전시된 갤러리를 지나면 고급 레스토랑과 와인바가 기다리고 있었다. 할인점에서는 보기 힘들었던 스포츠 전문 매장과 피트니스센터, 실내 골프연습장까지 들어섰다. 잠실점을 들어서는 많은 고객들은 모두 "이런 점포는 처음"이라는 반응을 보였다.

잠실역 역사에는 래핑 기법을 활용해 지하철역 벽면 사진 선반에 인쇄되어 있는 상품의 코드를 읽으면 주문이 되는 세계 최초의 가상스토어를 만들었다. 오고 가는 사람들의 호기심과 함께 한동안 엄청난 화제가 되기도 했다. 결국 잠실점은 '감성'이라는 돌멩이로 골리앗 롯데마트를 넘어설 수 있었다. 말 한 마디의 힘을 보여준 사례였다.

뒷다리론

Alignment, 즉 삼성을 일사불란하게 한 방향 경영으로 나아가게 한 특별한 메타포이다.

1960년대 인공위성 발사에서 미국이 소련에 뒤처지자 개발 책임자가 국회에 불려와 질문 세례를 당한 끝에 "소련에는 당신 같은 사람들이 없기 때문이다"라는 말로 답변을 대신했다. 개발 책임자가 본업인 연구개발에 전념하지 못하고 1년의 절반을 예산 확보를 위해 프로젝트에 대해 이 사람, 저 사람에게 설명하느라 개발이 늦어진 현실을 그대로 표현한 것이다.

그 후 열린 국회 예산심의에서 위성개발 소요 예산 3억 달러는 15분 만에 통과했는데 위성개발연구소의 주차장, 창고 등 부대 시설비 1000만 달러는 무려 6시간이나 걸려 통과했다.

내용을 아무리 들여다봐도 잘 모르는 개발 예산은 그대로 통과했지만 조금이나마 아는 부대시설 예산에 대해서는 너도 나도 한마디씩 하느라 지연된 것이다. 결국 문제의 핵심은 건드리지도 못하고 하잘 것 없는 일만 쫓아다닌 셈이다.

이러한 사례는 우리 주변에서도 쉽게 찾아볼 수 있는 전형적인 '뒷다리 잡기'다. 회사 내에서도 자기 자신, 자기 부서, 자기 회사만 생각하는 이기주의 때문에 수많은 뒷다리 잡기가 있다.

많은 사람들이 자기 자신과 자기 부서의 이익만을 위해 다른 사람, 다른 부서의 희생쯤은 아무렇지도 않게 생각하고 그러면서도 그런 생각과 행동이 잘못된 것이라는 점을 깨닫지도 못하는 불감증에 걸려 있다.

남을 제대로 도와주지 못하고 그렇다고 자기에게 도움이 되지도 않으면서 서로 뒷다리를 잡고 있기 때문에 결국은 모두 손해를 보는 것이 현실이다.

한 개인이나 부서, 사업부, 법인의 이기주의에서 시작해 상대방은 물론 자신에게까지 손해가 미치는 뒷다리 잡기, 이것이야말로 조직 내에서 반드시 뿌리 뽑아야 할 시급한 병폐라는 메시지다.

　그밖에도 대기업 병을 성인병에 비유한 메타포는 보스턴대학 연구교수로 있을 때, 그곳의 여러 교수들이 관심을 보였다. 복잡하고 거대한 조직 문제를 어떻게 이렇게 간단하게 정리를 할 수 있느냐 하는 것이었다.

　메타포 덕분이다. 비유를 하면 간결해진다. 그리고 핵심에 쉽게 접근할 수 있다. 이것이 바로 메타포 경영의 힘이다.

08

왜 Being Leadership인가?

독일의 사회학자인 막스 베버(Max Weber)는 리더십을 "한 개인이 기회를 독점하여 다른 사람에게 영향력을 미치는 것"이라고 말했다. 《칭찬은 고래도 춤추게 한다》라는 세계적인 베스트셀러를 쓴 리더십 컨설턴트 켄 블랜차드(Ken Blanchard)는 "주어진 상황에서 목표를 달성하기 위한 과정에 영향력을 미치는 것"이 리더십이라고 정의했다. 표현은 조금 다르지만, 두 사람 모두 리더가 가지고 있는 영향력에 주목하고 있다는 점이 눈길을 끈다. 피터 드러커는 "비전의 눈높이를 높이고 실천을 더 높은 수준으로 끌어 올리며 정상적 한계를 넘어선 인격을 형성하는 것이 바로 리더십이다. 훌륭한 리더는 따르는 자가 있고, 결과를 만들어 낸다. 또 자신의 책임을 정확히 알고 있으며 좋은 사례를 만들 줄 안다"고 말했다.

리더십에 대한 정의는 동서양이 차이가 있다. 서양의 리더십이 목표를 설정하고 성과를 낼 수 있는 지식(Knowing)과 실행(Doing)에 중점을 두고 있는 반면, 동양의 리더십은 지식과 실행 능력에 더하여 리더의 됨됨이(Being)에 집중하고 있는 점이 다르다.

공자는 논어 위정편에서 "君子 周而不比 小人 比而不周", 즉 "큰 사람은 차이를 두지 않고 주위를 두루 아우르며 작은 사람은 차이를 둠으로써 주위를 두루 아우르지 못한다"고 말했으며 세종대왕은 "마음을 다스리는 것이 군주의 덕목"이라고 말했다. 또 삼성의 창업주인 이병철 회장은 "인간을 존중하고 개인의 능력을 최대로 발휘할 수 있는 여건을 만들어, 그로 하여금 개인과 사회의 원동력이 되게 하는 정신"을 리더십이라고 정의했다.

동서양의 많은 철학자, 사회학자, 경영자들의 리더십에 대한 생각을 종합하고 정리하면 리더십은 영향력이다라고 정의할 수 있다. 리더십이란 조직의 목표 달성을 위해 구성원들이 자발적으로 참여하게 영향을 미치는 능력, 바로 영향력이다. 훌륭한 리더란 옳은 일을 정하고 사람들이 스스로 생각하는 것보다 더 잘할 수 있도록 도움을 주고 영향력을 주어 결과를 만들어 내는 사람이다.

리더십에서 의미하는 영향력이란 과연 어디에서 나오는 것일까?

능력이란 해박한 지식(Knowing)과 탁월한 실행 능력(Doing)이다. 리더가 아는 것이 많고 실행하는 방식을 잘 가르쳐주면 사람들에게 영향을 미쳐 좋은 성과를 창출할 수 있다. 하지만 리더가 신뢰할 수 없는 사람이라면 그 영향력은 극히 제한적으로 되고 만다. 만약 리더가 절대적으로 신뢰할 수 있는 덕목을 가지고 있다면 팔로워들의 마음을 얻어 엄청난 영향력을 미칠 수 있을 것이다.

이와 같이 덕목이란 리더 자체가 가진 됨됨이로서 다른 사람들의 마음을 사로잡고 이끄는 힘을 말한다. 사람들이 리더를 존경할 때는 그 리더의 존재감만으로도 큰 영향력을 미치게 되는 것이다.

따라서 영향력은 리더의 지식(Knowing)과 능력(Doing), 그리고 됨됨이(Being)를 갖추어야 비로소 진정한 리더십이 된다.

하지만 오늘날 대학이나 비즈니스 스쿨에서 가르치는 리더십 교육은 리더십의 능력(Leadership Skill)만 가르치고 리더의 덕목을 간과하고 있다는 점이 아쉽다.

리더는 누구에게 무엇을 하기 위해 영향력을 사용하는가?

먼저 다양한 계층의 다른 생각을 가진 사람들에게 한 방향으로 갈 수 있도록 영향을 미칠 수 있어야 한다. 그 한 방향의 영향력은 조직이 가지고 있는 비전과 목표를 사람들로 하여금 자발적으로 성취하게 하여 더 나은 세상을 만드는 데 있다.

'더 나은 세상을 위해서'라는 말은 경영의 정의를 내릴 때도 사용되었지만 리더십에서도 마찬가지다. 더 나은 세상을 위하지 않는 영향력은 아무런 의미가 없다. 전쟁을 일으켜 대량 학살을 자행한다든지 폭력 집단에 영향력을 미치는 사람을 우리는 리더라고 말하지 않는다. 그것은 한 조직의 우두머리(Boss)일 뿐이다. 진정한 리더는 더 나은 내일을 만들어가겠다는 책임과 의무를 가지고 있어야 한다.

한마디로 축약하면 리더십이란 자신의 능력과 덕목을 가지고 사람들로 하여금 스스로 조직의 목표를 성취하게 하여 더 나은 세상을 만들게 하는 영향력이다.

능력도 있고 성과도 좋은데 인품에 문제가 있다면, 이 사람을 승진시켜야 할까요? 보스턴 경영대학 교수들과 라운드테이블 토론을 할 때 로이드 베어드 교수가 필자에게 질문했다. 회사의 미래를 이끌어 갈 경영진이라면 승진을 시키지 않겠다. 하지만 훌륭한 경영자가 될 수 있는 인품을 닦도록 도와줄 것이다라고 답변했다. 머릿속에는 피터 드러커의 말이 떠 올랐다. 리더에게 인품과 순수함이 결여되었다면 그는 아무리 지식이 풍부하고 명석하며 성공적인 성과가 있다고 해도 무너진다. 그는 회사의 가장 가치있는 자원인 사람을 무너트리고, 조직의 정신을 무너트리며, 그리고 성과를 무너트린다.

서양의 리더십은 대부분 지식의 Knowing이나 실행하는 방법의 Doing을 강조한다. 켄 블랜차드는 리더십이란 목표 달성을 위한 영향력의 과정, 잭 웰치는 비전을 창출하고, 표출하며, 끊임없이 달성하도록 하는 것이라고 했다. 이처럼 서양에서는 실행이 리더십의 핵심이다. 반면 동양의 리더십은 사람의 됨됨이 Being에 더 큰 비중을 두고 있다.

세종대왕은 마음을 다스리는 것이 나라를 다스리는 요체, 맹자는 군자의 모든 일은 마음에 뿌리박고 있다고 했다. 고 이병철 삼성 회장은 사람을 존중하고 사람을 최고로 육성하라. 마쓰시다 고노스케는 품질을 높이려면 사람의 성품을 닦아야 한다고 말했다. 동양에서는 마음이 리더십의 중심인 것이다.

보스턴 라운드테이블에서 질문이 이어졌다. Being 리더십은 무엇이고, 어떻게 개발할 수 있나요? 그래서 사례를 들어 설명했다. 비전과 목표가 어떤 것인지 알고, 이를 실행하는 것은 Knowing ·Doing 리더십이고, 리더를 어떻게 비전적인 사람으로 만드느냐 하는 것은 Being 리더십이다.

리더가 비전적인 사람이 아니면 단기적 목표가 달성될지언정 조직을 장기적 비전의 방향으로 이끌고 나가지 못한다. Doing 리더십 스킬은 일을 효율적으로 해낼 수 있지만 Being 리더십을 바탕에 깔지 않으면 한계를 넘어서는 높은 성과를 이끌어 내지 못한다.

이와 관련해 양혜왕의 이야기는 귀 기울일 만하다. 제나라와 싸우다 큰아들을 잃고, 진나라와의 싸움에 패하여 700리 땅을 잃고,

초나라로부터는 치욕을 당했다. 이후 혼신의 노력을 다해 백성들을 보살피는 구휼 정책을 펼쳤지만, 그 바탕에는 패배를 설욕하려는 마음이 있었다. 백성을 위한 진심(眞心)이 아닌 자신을 위한 티끌 같은 진심(塵心)이었다. 만일 그가 백성을 위하는 마음으로 행동했다면 백성들은 마음으로 그를 따랐을 것이다.

리더십을 글로벌하게 정의할 때는 몸으로 움직이는 Doing과 마음에 담아내는 Being을 포괄해야 한다. 리더십을 새롭게 정의한다면, 덕목(Virtue of Being)을 바탕으로 한 행동의 기술(Art of Doing)로 사람들을 이끌어 가는 영향력이다. 실행하는(Doing) 리더십 뒤에는 됨됨이(Being) 리더십이 자리 잡아야 한다. 그것이 사람들의 마음을 얻어 기대 이상의 결실을 가져오는 비결이다. 더욱이 우리가 직면하고 있는 의식 있는 자본주의 4.0 시대에는 Being 리더십을 바탕으로 사회적 책임을 다하지 못하는 기업은 한계 이상의 성장을 하기 어렵다. Doing 리더로서 의무감에서가 아니라 Being 리더로서 마음속에서 우러나는 진정성이 더 나은 세상을 만들어 갈 것이다.

(《Chief Executive 경영의 창》, 기고 / 2014.2월호)

3장

높이 보는
시선

우리는 그만그만한 목표를 비전이라 부르지 않는다.
BHAG (Big Hairy Adadious Goal),
즉 크고 머리가 쭈빗쭈빗 설 정도로
크고 담대한 목표를 비전이라 부른다.
최고의 날들은 아직 오지 않았다.
높은 시선으로 바라보면 진정한 여행이 시작된다

True Travel

_____ Nazim Hikmet

the most magnificent poem hasn't been written yet.

the most beautiful song hasn't been sung yet.

the most glorious day hasn't been lived yet.

the most immence sea hasn't been pioneered yet.

the most prolonged travel hasn't been done yet.

the immortal dance hasn't been performed yet.

the most shine star hasn't been discovered yet.

when we don't know any more what we are supposed to do,

it's the time when we can do something true.

when we don't know any more where we are supposed to go,

it's the start when the true travel has just begun.

진정한 여행

_____ 나짐 히크메트

가장 훌륭한 시는 아직 씌어지지 않았다.
가장 아름다운 노래는 아직 불려지지 않았다.
최고의 날들은 아직 살지 않은 날들.
가장 넓은 바다는 아직 항해되지 않았고
가장 먼 여행은 아직 끝나지 않았다.
불멸의 춤은 아직 추어지지 않았으며
가장 빛나는 별은 아직 발견되지 않은 별
무엇을 해야 할 지 더 이상 알 수 없을 때
그때 비로소 진정한 무엇인가를 할 수 있다.
어느 길로 가야 할지 더 이상 알 수 없을 때
그때가 비로소 진정한 여행의 시작이다.

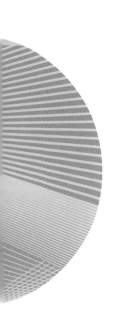

01

목표 없는 항해는
순항이라도 표류하게 된다

　경제 후진국으로 헤매던 중국을 G2의 위상에 이르도록 만든 것은 무엇인가? 한마디로 원대한 국가 비전과 뚜렷한 목표를 세우고, 20년 이상 일관성 있게 한방향으로 추진해온 결과이다. 중국은 이미 '세계의 공장'이라 불리고 있지만, 또다시 새로운 차원의 제조업 강국이 되겠다는 비전과 체계적인 로드맵을 수립하고 "중국제조 2025"에 도전하고 있다.

　국가 비전과 목표설정이 중요한 것은 중국과 같이 자원과 인구가 많은 거대한 나라에만 해당되는 것은 아니다. 우리나라보다 훨씬 작고 자원이 없어 '리틀 자이언트'라고 불리는 네덜란드, 벨기에, 싱가포르가 세계 최고의 국가 경쟁력을 가진 강소국가가 된 비결의 공통점도 '세계의 물류 허브'를 구축한다는 확고한 목표를 설정하고 정부가 주도하여 일관성 있는 법제와 기업 환경을 만드는 데 국력을 집중했다는데 있다.

그 중 싱가포르는 1965년 말레이시아 연방에서 독립한 이후, 리콴유의 리더십으로 1970년대에는 '세계적 금융, 물류중심'을 구상하였고, 1980년도에는 석유화학 중심으로 한 제조업 발전목표를 추진했다. 1990년대에 들어와서는 '인텔리전트 아일랜드'라는 국가발전 계획을 수립하고 IT, 전자, 통신 등 첨단산업의 중심국가로 발전시켰다.

2000년도에는 '세계 각국 인재의 오아시스'로 만들겠다는 비전을 내세우고 교육과 의료 등 서비스 산업분야에서 세계의 중심국가로 거듭나겠다는 원대한 비전을 세웠다. 독립 당시 320불 밖에 되지 않았던 국민소득이 지금은 국민소득 64,000불의 부자 나라가 되었다.

대한민국도 국가비전을 통해 발전한 나라다. '조국 근대화'라는 목표를 세우고 '수출 지향 산업화'라는 경제개발 추진전략을 통해 '한강의 기적'을 이루어 냈다. 1962년부터 시작한 '경제개발계획'은 1997년까지 7차에 걸쳐서 시행되었다.

특히 1970년대에는 비전과 '살기 좋은 지역사회 개발' 목표로 '잘살아보세'라는 범국민적 새마을 운동을 펼쳤다. 1980년대에는 중화학 산업을 육성하고, 1990년대에는 반도체와 통신 중심의 첨단산업을 발전시켜, 1950년도 1인당 국민소득 66달러에서 이제는 31,600달러로 오르며 선진국 문턱에 다달았다.

그러나 지금 대한민국의 비전과 목표가 무엇인지 대답할 수 있는 사람이 있는가? 진정 국가 비전과 목표가 없는 것인지, 아니면 정권이 바뀔 때마다 목표가 뒤바뀌어서 혼란스러워서 그런 건지 알 수가 없다. 비전과 목표가 없는데 어떻게 통합적이고 효과적인 전략을 추진할 수 있을지 궁금하다.

기업도 마찬가지다. 기업은 어떻게 비전과 목표를 설정하고 있는가? 대다수의 기업들이 단순히 전년도 실적에 대비해 성장 목표를 설정하고 있다. 문제는 이러한 운영적 목표설정 만으로는 시장 경쟁에서 살아남을 수 없다는 것이다. 빠르게 변화하는 패러다임, 기술 발전, 시장과 고객에 제대로 대응하는 목표를 세워야 경쟁에서 살아남을 수 있는 시대이기 때문이다. 시스코를 20년 동안 이끌어온 CEO 존 챔버스 회장은 "10년 안에 현존하는 기업 40%가 사라지게 될 것"이라고 경고했다.

전략은 목표의 아들이다. 전략이란 뚜렷한 목표가 있을 때에 비로소 구체적으로 수립할 수 있으며, 전략이 목표를 향해 한방향으로 정렬되어 있지 않으면 기대하는 성과를 달성할 수 없다.

목표도 없이 무엇이든 '하면 된다' 만으로는 안 된다. "목표 없는 항해는 아무리 순항이라도 표류하게 되고, 목표 있는 항해는 아무리 난항이라도 항해이다." 이것이 바로 경영의 핵심, EoM(Essence of Management)이다.

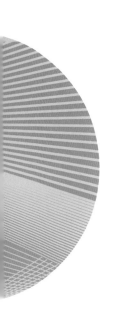

위대한 기업으로
가는 버스

어떤 기업은 위대한 기업이 되고 다른 기업은 그렇지 못하는가? 이 질문에 대한 원인과 해답을 제시한 명저가 바로 짐 콜린스의 《Good to Great》이다. 그는 위대한 기업들은 6가지 공통적인 경영특성을 가지고 도약했다고 설명한다.

겸손한 리더, 일보다 사람 우선, 냉엄한 현실에서의 성공에 대한 확신, 핵심역량에 집중하는 고슴도치 컨셉, 규율의 문화, 기술 가속 페달 등이 그것이다.

이 중에서 가장 핵심적인 것은 겸손한 리더들이다.

그들은 조용하고 부드러운 인간적인 겸손함을 가지고 있지만 일에 대해서는 직업적인 강한 의지로 추진하는 상호모순적 특성을 갖고 있었다. 겸손함으로 인해 듣고 배우고 존중해 주는 기업의 문화를 만들어 나갔다. 자신을 낮추고 겸양만 있는 것이 아니라 높은 목표를 세우고 성과를 내고자 열정적으로 일을 몰아간다. '이 정도면 됐지' 식의 생각을 가진 사람은 누구든 용납하지 않았다.

또 하나 중요한 사실은 위대한 기업으로 가는 길이 새로운 비전과 전략을 세우고 난 후 사람들을 그 방향으로 가게 하는 것이 아니라는 것이다. 특히, 기업을 버스(Bus)에 비유하면서 버스를 어디로 몰고 갈지 먼저 생각하고 난 다음에 사람을 태우지 않고, 반대로 적합한 사람을 먼저 버스에 태우고 부적합한 사람을 내리게 한 다음 버스를 어디로 몰고갈 지를 생각했다.

여기서 나는 짐콜린스가 설명하지 않은 단계를 지적하고 싶다. 'Good to Great'는 이미 좋은 기업이 된 다음의 이야기다.

내가 만나본 많은 기업인들은 일반기업이 어떻게 좋은 기업이 되느냐, 위대한 기업을 어떻게 계속 유지하느냐에 대한 방법도 알고 싶어한다. 그래서 나는 기업경영에 있어서 성장단계별로 3대의 버스가 필요하다는 버스론(Bus Theory)을 착안하게 됐다.

첫 번째 성장 단계에는 'Beginning to Good'의 버스이다.

기업을 시작한 단계이거나 일반적인 수준의 기업 단계로서 경영의 틀과 인프라를 만드는 과정으로 강력한 리더십을 가진 CEO가 확고한 비전과 전략을 제시하고 버스를 운전해야 한다.

이 단계에서는 기업문화와 팀워크가 중요하다.

두 번째는 'Good to Great'의 버스다.

이 시기는 짐 콜린스가 말하는 좋은 기업을 넘어 위대한 기업으로 가는 단계이다.

CEO가 직접 버스를 모는 것이 아니라 버스에 탄 리더들이 운전을 잘하도록 지원해주는 리더십으로 전환해야 한다. 이 때 중요한 것은 기업을 계속 발전시킬 수 있는 '후계자 양성'이다.

세 번째는 'Build to Last'의 버스이다.

위대한 기업이 어떻게 영속해 나가느냐 하는 단계이다.

기업의 방향이 틀린 경우 곧바로 원상회복하는 인텔리전스(Intelligence) 버스다. 무한경쟁시대에 어떤 경영환경에 처하더라도 기업은 영속적으로 발전해나갈 것이다.

짐 콜린스는 저자 자신의 의견이나 주장이 아니고 방대한 자료를 근거로 실증적인 해답을 끌어냈는데, 1965년부터 30년간 포천지 선정 500대 기업에 등장한 수많은 기업 중에서 15년간의 누적 주식수익률이 시장보다 평균 세 배 이상 되는 11개 회사를 선정했다. 놀라운 것은 가장 널리 알려진 거대기업들 중 예를 들면 GE, 코카콜라, 보잉, 모토롤라, 월마트 등이 이 기준에 미달한다는 사실이다. 이는 시사하는 바가 크다. 거대기업이 반드시 위대한 기업이 되는 것은 아니기 때문이다.

짐 콜린스는 "좋은 것은 위대한 것의 적이다. 위대한 것이 그토록 드문 것은 바로 그 때문이다"라고 말했다.

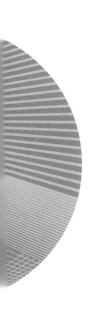

03

뚱뚱한 꿀벌은 작은 날개로
어떻게 날 수 있을까?

요즘 경영의 화두는 모방을 넘어선 창조경영이다. 창조는 어떻게 일어나는가? 에디슨은 "창조는 99%의 노력과 1%의 영감에서 이루어진다"라고 말했다.

흔히들 창의는 타고난 천재성이나 DNA에서 나오는 것이라고 생각하지만 실제는 창의를 이끌어 내는 특별한 생각의 흐름과 방법이 있다. 새로운 아이디어를 만들어내는 창의의 흐름을 알아본다.

첫째, 현상에 대한 의문을 가지고 도전한다.

닭과 꿀벌을 보면 그 차이를 알 수 있다. 둘 다 '새는 어떻게 날 수 있을까?'라는 같은 의문을 가졌지만 닭은 큰 날개를 가지고도 '나는 닭일 뿐인데'라고 생각해 날지 못했고 꿀벌은 몸집에 비해 작은 날개로도 '하늘의 새처럼 날 수 있다'라는 생각으로 도전했기 때문에 날 수 있었다. 뚱뚱한 꿀벌은 1초에 190회나 쉴새없이 날개 짓을 하여 드디어 날게 된다. 반면에 닭은 공기역학적으로 충분히 비행이 가능한 날개 구조를 가졌지만 닭은 날기 위해 도전하지도 노력하지도 않았기 때문에 결국 날지 못하게 된다.

둘째, 높은 비전과 목표를 세운다.

세계 최초로 비행기를 개발한 라이트 형제는 자전거 수리공으로 고등학교도 제대로 졸업하지 못했다. 그러나 하늘을 날겠다는 높은 비전과 목표를 가지고 끊임없이 도전하여 인류의 새로운 역사를 창조해 낸 것이다. 창조의 도시 두바이는 현재 700만 명의 관광객을 12년 뒤에는 1억명 유치하겠다는 높은 목표 때문에 상상을 초월하는 아이디어가 나오고 세계적 도시로 발전하게 되었다.

셋째, 상자 밖의 생각을 한다.

미술 혁명이라 불리는 야수파 사조를 살펴보자. 중세 고전주의 나 인상주의 화가들은 사실 그대로 그림을 그렸지만 야수파 화가 들은 직관과 감성에 따라 느끼는 대로 기존의 틀을 벗어난 그림을 그리기 시작했고 이렇게 3년간 진행된 야수파 운동이 100년간의 근현대 미술의 새로운 사조를 만들게 됐다. 상자 밖 생각으로 미술 계의 새로운 블루오션을 만들어 낸 것이다.

넷째, 어린이처럼 상상하기이다.

일본의 석학 오마에 겐이치가 '상상력이란 보이지 않는 것을 볼 수 있는 능력'이라고 상상력의 중요성을 강조하기도 하였듯이 창의는 어린아이처럼 '생각의 한계를 두지 말고' 맘껏 상상할 때 나온다.

다섯째, 상황을 바꾸어서 재구성하는 습관을 가진다.

나는 눈에 보이는 모든 것을 바꾸어보곤 한다. 차를 타고서도 차창 밖으로 보이는 모든 사물을 바꾸어 보곤 하는데, 내 상상 속에서 테헤란로의 건물들은 수차례 바뀌었고 지나가는 사람들이 입은 옷도 종종 바뀌곤 한다. 이렇게 바꾸어보는 습관이 창조의 원동력이 된다.

여섯째, 성공에 대해 확신하고 포기하지 않는다.

발명왕 에디슨이 백열전구를 발명했을 때 젊은 기자가 에디슨에게 수많은 실패를 경험했을 때 기분이 어떠하냐고 물었다. 에디슨은 "실패라니요? 난 한 번도 실패한 적이 없습니다. 단지 2000번의 단계를 거쳐서 발명했을 뿐입니다"라고 답했다고 한다. 성공에 대한 확신과 결코 포기하지 않는 집요한 실천이 창의의 마지막 열쇠이다.

창의 이야기를 한 문장으로 마무리한다.

Take the best and make it better!

When it does not exist, create it!

"가장 최고를 가져와서 더 잘 만들어라! 만일 최고가 없다면, 새롭게 창조하라!"

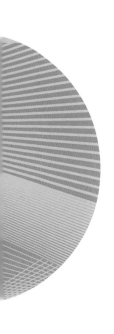

04

러브마크 이팩트

각기 다른 아름다운 두 여성의 사진을 남성들에게 제시하고 누가 더 아름다운지 물어본 결과 두 여성은 거의 같은 표를 얻었다. 그런데 조사자가 한 여성의 사진에는 '엘리자베스'라는 이름을, 다른 여성의 사진에는 '거트루드'라는 이름을 적어 놓고 다시 물어보았다. 그러자 조사 대상의 80%가 '엘리자베스' 쪽에 표를 던졌다고 한다. 이는 필립 코틀러라는 노스웨스턴대 마케팅 교수의 재미있는 조사 결과이다.

나는 이 조사 결과를 보면서 이런 상상을 해 보았다. 예를 들어 똑같은 생수병에 한쪽엔 '홈플러스', 다른 한쪽엔 경쟁사의 브랜드가 있다면, 고객들은 어떤 브랜드의 생수를 선택할까? 어떤 제품이 더 좋은 것인지 판단하기 위해서는 생수의 원산지, 수질, 맛, 포장 용기, 가격 등 여러 요인들에 대한 평가를 내리고 구입 결정을 해야 하겠지만, 사실 이런 속성들을 소비자가 전문적으로 평가하기는 어려울 것이다. 이 때 소비자의 선택에 결정적 역할을 하는 것이 바로 브랜드이다.

생수 중에 '에비앙'이라는 브랜드가 있다. 생수를 살 때 많은 사람들이 무조건적으로 에비앙을 선택하곤 하는데, 과연 그 이유는 무엇일까? 에비앙은 한 귀족이 알프스의 작은 마을인 에비앙에서 요양하면서 지하수를 먹고 병을 고쳤다는 실제 사례를 브랜드 스토리로 만들어 차별화된 브랜드 이미지를 만들어 왔다. 일반적으로 생수병은 물이 신선하고 차다는 것을 강조하기 위해 파랑 계통의 차가운 색을 쓰는데, 에비앙은 주 소비자인 여성에게 어필하기 위해 분홍색 용기를 사용하고 있다. 또 어항에 에비앙을 따르는 광고를 통해 순도 100% 천연미네랄 생수라는 제품력과 깨끗함을 강조하는 등 생수병 용기와 컬러, 디자인, 스토리텔링, 광고 등 다양한 방법으로 고객의 감성을 터치하고 있다.

하버드대학 심리학 교수 하워드 가드너는 사람들이 논리적으로 생각할 때는 이성이 지배하는 좌뇌가 작동하지만, 최종 의사 결정을 할 때는 감성을 지배하는 우뇌가 작동한다는 연구 결과를 발표했다. 생수를 사는 데 있어서도 이성적인 판단 기준을 넘어서서 그냥 '에비앙'이어서, 그냥 '홈플러스'여서 사게 된다면 그 제품은 이미 마음에서 가장 먼저 떠오르는 브랜드 이상의 브랜드, '톱 오브 마인드(Top of Mind)'가 되었기 때문일 것이다.

세계적인 광고회사 사치&사치의 CEO 케빈 로버츠는 이처럼 소비자의 마음 속에 강한 인상과 각인을 남기는 브랜드 효과를 '러브 마크 이펙트(Lovemark Effect)'라고 말했다.

제품, 서비스에서 경쟁 우위에 서고 싶다면 소비자의 마음에 새겨지는 '러브마크'가 되라는 것이다. 할리 데이비슨 같은 경우, 팬들은 몸에 문신까지 하고 다닐 만큼 그 브랜드를 자랑스러워한다.

브랜드는 곧 기업의 운명과 직결된다. 이제 더이상 단순한 제품의 상표가 아닌 것이다. 영국의 브랜드 권위자 월리 올린스는 "브랜드는 사회문화적 정체성"이라고 했고, 브랜드를 처음 정의한 세계 최고의 브랜드 권위자 데이비드 아커 교수는 "돌보고 가꾸지 않으면 사그라지는 살아 있는 생명체"라고도 했다.

그동안 홈플러스도 브랜드 가치를 높이기 위해 다양한 노력을 기울여 왔다. 1999년 창업 당시 홈플러스를 아는 사람은 거의 없어 가구회사나 벤처기업이 아니냐고 되물어 올 정도였다. 당시 12개 회사가 경쟁하는 치열한 레드오션 시장에 꼴찌로 등장한 홈플러스는 기존의 유통회사와 똑같은 콘셉트와 포지션으로는 톱 오브 마인드가 될 수 없다는 생각에서 수많은 고객 조사를 통해 새로운 할

인점을 창조하는 데 각고의 노력을 기울였다.

　품질과 가격에 대한 신뢰, 친절한 서비스는 기본이고, 사회적 가치 실현을 위한 사회공헌활동을 통해 새로운 브랜드 가치를 창출해 왔다. 유통기업 최초로 어린이 환경 캐릭터 'e파란'을 탄생시켰는데, 이 때 "할인점은 테마파크가 아니다"라는 비판을 듣기도 했지만, 오히려 e파란 환경 캐릭터는 기업의 브랜드 가치를 크게 상승시키고 있다.

　나는 홈플러스가 고객의 가슴을 두근거리게 만드는 러브마크로 인식되는 그 날을 기대한다. "홈플러스에 가고 싶다", "홈플러스라면 믿는다", "홈플러스여서 좋다"고 말하는 브랜드 이상의 브랜드, 톱 오브 마인드의 브랜드가 탄생되는 그 날을 말이다.

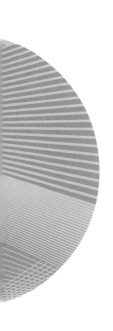

05

삼독법으로 부자 되기

여러분, 부자가 되길 원하나요?

오늘은 내가 여러분에게 진정한 부자 되는 방법을 하나 얘기할까 한다.

자산 500억 달러로 세계 최대의 부자인 마이크로소프트사의 빌 게이츠는 "오늘의 나를 만든 것은 동네의 공립 도서관이었다"고 말한 바 있으며, 잠자리에 들기 전에 꼭 잠깐이라도 책을 본다고 한다.

창조와 혁신의 선구자 애플사의 스티브 잡스도 독서광으로 알려져 있으며, 개런티가 가장 비싼 억만장자의 방송인 오프라 윈프리 또한 "독서가 내 인생을 바꿨다"고 말하였다.

한국의 창조 경영자 이건희 회장도 한달에 20여 권의 책과 수많은 다큐멘터리 비디오를 보며 끊임없이 지식을 탐구하였다 한다.

사람은 책을 만들고 책은 사람을 만든다고 했다.
세계적인 석학 앨빈 토플러는 그의 저서 《부의 미래》에서 미래의 부를 만드는 심층 기반으로 속도, 공간, 지식을 꼽았다.
그 중에서도 지식은 쓸수록 줄어드는 석유와 달리 사용할수록 더 많이 창조되고 프로슈머 경제의 성장으로 부의 원천이 될 것이라고 밝혔다. 이 지식을 형성하는 것이 바로 독서이다.

소크라테스는 '독서는 정신의 음악'이라 했고, 쇼펜하우어는 '사람은 음식물로 체력을 배양하고, 독서로 정신력을 배양한다'고 했으며, 에디슨은 '독서가 인생에 미치는 영향은 운동이 육체에 미치는 영향과 같다'고 했다.

이렇듯 독서는 두 가지 부자를 만들어 준다.
앨빈 토플러의 말처럼 물질적 부자를 만들어 주기도 하지만 수많은 위인들의 말처럼 정신적 부자도 만들어 주기 때문에 훨씬 값진 것이다.

나도 책을 무척이나 좋아하는 사람 중 한 명이다.
그리고 오랜 기간을 통해 얻은 나만의 독서법도 가지고 있다. 그 독서법은 다독, 통독, 정독의 삼독법이다.

먼저 다독은 세상을 보는 눈을 키우기 위함이다.

큰 변화의 물결, 패러다임의 흐름을 알기 위해서는 다독이 필요하다. 그러나 책에도 볼 책이 있고 안 볼 책이 있다. 가치 없는 책에 시간을 낭비하지 않아야 한다.

책을 다 읽고 나서 좋은지 나쁜지 결정하려면 책 한 권을 읽는데 너무 많은 시간이 걸리기 때문에 여러 가지 책들의 목차, 서문, 서평을 통해 읽을지 안 읽을지를 먼저 결정하고 큰 흐름을 파악하는 형식으로 본다.

그 다음 정보나 지식만을 취할 것인지, 깊이 있게 소화할 것인지에 따라 통독할 것인가 또는 정독할 것인가를 결정한다.

온갖 팜플렛까지 다독을 하는 바람에 가끔 내 집무실은 마치 잡지사 편집장실 같은 분위기를 연출하기도 한다.

다음, 통독은 지식을 빨리 습득하기 위함입니다.

통독은 행간에 무슨 뜻이 있는지 보다는 트렌드나 주요 정보만을 빨리 파악하기 위해 대각선으로 시선을 돌리며 사진을 보듯이 빠르게 주요 내용을 읽는 방법이다. 주요 키워드를 이미지로 인식하며 빠르게 보는 포토리딩의 일종이다.

정보의 홍수 시대에 살고 있는 우리가 원하는 정보를 빨리 습득하기 위해서는 이 통독의 방법이 필수적이라 할 수 있는데, 독서물의 성격에 따라 정하는 것이 합리적이다. 나는 최근의 트렌드를 알 수 있는 서적이나 자기 계발서 등을 통독의 방법으로 읽고 있다.

마지막으로 정독은 책의 내용을 완전히 내 것으로 만들기 위해 생각하며 읽고 새로운 가치를 창출하기 위함이다. 정독은 행간의 숨은 뜻은 물론 그 책이 전달하고자 하는 메시지의 이해를 넘어서 새로운 가치까지 부여하여 자기 나름대로의 철학이나 이론으로 발전시키는 방법이다.

조직은 성장단계별로 상황이 다르기 때문에 각기 다른 리더십이 필요하다는 '3대의 버스 리더십' 이론도 짐 콜린스의 저서 《좋은 기업을 넘어 위대한 기업으로》를 읽고 착안하게 된 것이다.

여러분도 무엇보다 먼저 책이 전달하는 메시지를 확실히 터득한 후 가치 있는 자신의 아이디어를 추가하여 또 다른 메시지를 만들어내 보십시오. 이런 방법이 창의적 발상의 원천이 되기도 하며, 한 차원 높은 독서를 경험하게 해준다.

그런데 내가 가장 좋아하는 1번 애독서가 무엇일까? 바로 지도책이다.

글자만 읽는 것이 독서가 아니라 지도를 보는 것도 독서라고 생각한다. 지도를 보면 역사가 보이고 과거를 재조명할 수 있고 현재를 바로 보고 미래를 창조하는 힌트를 얻을 수 있다.

지도의 점, 선, 면, 공간 등에는 수많은 이야기가 숨어 있다. 그 이야기들을 생각하며 지도를 바꾸고 도시를 바꾸고 새로운 역사를 상상하는 사색을 시간을 즐기는 것이야말로 내가 가장 좋아하는 독서 시간이다.

일반적인 책 한 페이지를 읽는 것보다 지도 한 장을 읽는 것이 훨씬 더 많은 창의력이 요구된다.

내 경우에도 지도 독서를 통해 훨씬 더 많은 정보를 얻어내고 창의적인 생각을 하게 되곤 한다. 많은 창의적인 아이디어가 어쩌면 나만의 삼독법과 지도책 사랑, 그리고 모든 것을 바꾸어보는 습관에서 나오는 것 같다.

나의 지도책 사랑은 삼성물산 런던지점장 시절로 거슬러 올라간다. 처음 런던 주재원으로 부임하여 런던을 알기 위해 차로 한 바퀴 돈 다음 골목골목을 걸어 다녔고 집에 돌아와서는 백지에 거리 지도를 그리며 런던을 공부했다. 마치 고시 공부하듯이 무척 열심이었다. 지도를 그리고 읽으면서 세상의 모든 것이 지도 속에 담길 수 있다는 사실에 매료되었고 그때부터 지도를 즐겨 보게 되었다.

나는 독서의 범위를 꼭 책으로만 국한하고 싶지는 않다. 요즘과 같은 정보화 시대에는 인터넷을 통해 정보를 취득하는 것도 독서이며, 간결하게 정리된 서류나, 뉴스, 비디오, 지도책을 보는 것도 모두 독서라고 생각한다.

웰빙 시대를 맞아 신체적 건강을 위해 좋은 먹거리를 찾느라 시간과 돈을 아끼지 않는 것처럼 정신적 건강을 위해서도 독서라는 먹거리를 찾는 노력을 기울여야 하지 않을까?

어떤 책부터 읽어야 할지 망설여진다면 독서통신교육을 활용해 보는 것도 좋은 방법이 될 것이다. 우리 회사에서도 한 달에 한 권의 선택한 도서를 읽고 리포트를 작성한 후 온라인으로 평가지도를 받는 자기 주도적 학습 프로그램인 독서통신교육을 실시하고 있다. 나는 여러분 모두가 독서에 투자를 아끼지 않는 현명한 예비 부자들이 되길 바란다.

어느 독서광은 읽지 않은 책은 거꾸로 꽂아 놓아서 스스로에게 빨리 읽어야 한다는 스트레스를 준다고 한다.

여러분도 자신만의 공간, 자신만의 시간, 자신만의 애독서를 만들어나가며 삶이 한층 더 충만해지길 바란다.

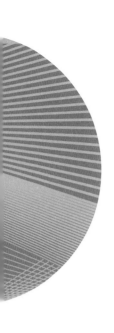

06

반응 속도

　나는 반응이 느린 사람을 싫어한다. 마찬가지로 고객은 반응이 느린 기업을 싫어한다. 나는 기업의 역사에서 반응이 느린 기업이 지속적으로 성장하는 사례를 기억할 수 없다. 패러다임의 변화, 라이프스타일의 변화, 고객의 변화에 느리게 대응하거나 아예 대응조차 못하고 사라져간 기업들을 수없이 봐왔다.

　'시간 경쟁의 시대에서는 큰 것이 작은 것을 먹는 것이 아니라, 빠른 것이 느린 것을 먹는다.' 그 옛날 손자도 느림의 미학보다는 빠름의 강함을 알아차렸던 것일까?

　최근에 새롭게 등장하는 커피숍들을 보면, 놀랍게도 토종 브랜드들이 많다. 이들이 우리에게 익숙한 스타벅스, 커피빈 등 세계적인 브랜드와 경쟁할 수 있는 이유는 감성소비에 민감한 한국의 소비자의 취향에 맞는 분위기와 상품을 빠르게 만들어 내기 때문이다. 말하자면, 누구도 따라올 수 없는 개인창업자의 빠른 의사결정과 반응속도가 바로 경쟁력이 되고 있는 것이다.

기업에서도 개인창업자와 같은 빠른 의사결정을 할 수 없을까? 일반적으로 우리나라 기업들은 의사 결정을 할 때에 품의 결재 과정이 매우 복잡하다. 담당-과장-팀장-임원-부문장-사장의 긴 과정을 거친다. 여기에 합의 부서까지 끼우고 혹시 반려라도 되면 수차례 재품의를 해야 하는 상황이 된다. 이 얼마나 복잡한 과정인가.

"무결재경영"

기업은 빠른 의사 결정을 위해 결재 없는 경영 시스템의 도입이 필요하다. 고객에 대응하기 위한, 변화에 반응하기 위한 주요 의사결정을 할 때에 관련되는 사람들이 함께 토론하고 곧바로 의사결정을 하는 '원스톱 의사결정' 체제를 운영하는 것이다. 투자, 생산, 판매, 운영 등 경영 전반의 반응속도가 엄청나게 빨라지고 이것이 사업의 가장 큰 경쟁력이 될 것이다.

홈플러스는 창립 초기부터 이 시스템을 도입하여 유통산업 역사상 최초로 10-10신화, 10년만에 10조를 넘는 매출을 달성했다.

징기스칸이 세계정벌을 할 수 있었던 최고 경쟁력은 몽골군의 스피드와 발빠른 대응이었다. 징기스칸은 이미 군대의 이동 속도가 전쟁을 좌우한다는 것을 알고 있었기에 불필요한 것은 버리고, 꼭 필요한 것은 가볍게 만들었다. 병참기능이 필요 없는 군대를 만든 것이다. 몽골군은 보르츠라 불리는 육포, 버터, 미숫가루를 말 안장에 싣고 다녔다. 현지조달이 불가능한 상황에서도 두 달을 버틸 수 있게 된 것이다. 장기전일 경우는 말의 방광을 말려 그 속에 보르츠를 넣고 다녔는데 1년 이상을 이 식량만으로 가뜬히 전쟁을 치러냈다.

홈플러스는 빠른 실행(Faster Execution)을 위해 몽골군과 마찬가지로 병참기능을 없앤 'TOWBID'라는 혁신적인 경영전략을 개발했다. 가치 없는 80%의 일을 가차없이 제거하고, 핵심적인 20%에 집중하자는 것이다.

Technology for less, 할 수 있는 모든 일을 최대한 시스템화하고 Operate for less, 모든 일을 단순화하여 저비용 운영 구조를 갖추고, Work for less, 하나라도 가치 없는 일을 제거해 주는 등의 시스템이 바로 그것이다.

언제나 선택과 사고의 몫은 기업이 아니라 빠르게 변화하는 소비자와 사회에 있다. 오늘날 경영자에게 필요한 가장 중요한 능력은 미래 변화에 대한 통찰력을 가지고 변화에 빠르게 반응하는 것이다. 지금, 변화의 속도가 너무 빠르다. 스마트 라이프가 도래하고 있다. 아니, 이미 시작되었다. 지금 이순간, 여러분은 어떻게 반응하고 있는가?

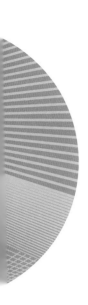

구슬이 서 말이라도
꿰어야 목걸이가 된다

경영에 대한 본질적 질문 "경영이 무엇이라고 생각합니까?" MBA 과정을 공부하는 학생이나 경영학과 교수, 기업인 등 기업 경영과 관련된 사람들을 만날 때마다 종종 던지는 질문이다.

"경영이요? 저는 파이낸스를 전공하는데요."

"HR 차원에서 보자면…."

"마케팅이 곧 경영의 핵심 아닌가요?"

경영의 본질에 대해 총체적으로 말하기보다는 자신이 전공한 분야나 담당 업무를 중심으로 부분적인 답변을 하는 경우가 대부분이었다. 놀랍게도 경영의 정의에 대해 제대로 된 견해를 가진 사람을 만나기가 참으로 어려웠다.

자신이 맡은 분야에서 전문적 지식을 가지고 그 분야의 일을 탁월하게 잘한다고 해도 회사 전체적으로 보면 효율이 떨어지는 일이 얼마든지 생길 수 있다. 경영의 본질과 핵심을 모르면 자신이 맡은 담당 업무가 회사 전체에 어떤 영향을 주고, 어떤 부서와 유기적으로 협업할 수 있는지 파악하기가 쉽지 않다. 아무리 열심히 일해도 머지않아 회사가 가고자 하는 방향과 전혀 다른 방향으로 열심히 달려가고 있는 자신의 모습을 발견하게 될지도 모른다.

"요즘 비즈니스 스쿨의 MBA 과정들이 기능공 양성소처럼 되어 가고 있는 것 같습니다. 비즈니스 스쿨이 마케팅 기능공, 인사관리 기능공, 재무관리 기능공들을 배출하는 곳은 아니지 않습니까?"

보스턴 경영대학의 라운드 테이블에 참여한 여러 교수들과 비슷한 이야기를 나눈 적이 있다.

나는 경영의 본질이 목표를 달성하기 위해 경영의 틀을 만들고 기능을 한 방향으로 통합하는 데 있다는 것을 설명하기 위해 우리나라 속담을 하나 떠올렸다. "한국 속담에 '구슬이 서 말이라도 꿰어야 목걸이다'라는 말이 있습니다. 아무리 좋은 재무관리, 마케팅 이론이나 인사관리의 구슬이 있다고 하더라도 그것이 제각각 따로 있다면 아름다운 목걸이가 될 수 없습니다. 그 구슬을 뚫어서 조화롭게 한 줄로 엮어낼 때 비로소 아름다운 목걸이가 완성되기 마련입니다."

경영의 본질을 아름다운 목걸이를 만드는 목걸이론으로 비유한 것이다. 우리말 속담의 '구슬을 진주라는 의미의 영어 단어, 'Pearl로 바꾸어 영어 문장으로 표현했다.

경영이란 마케팅, 생산, 운영, 인사, 재무 등 여러 가지 기능의 진주들을 멋지게 꿰어서 목걸이로 만드는 활동이다. 줄에 꿰어 있지 않은 진주들은 단지 빛나는 각각의 진주일 뿐이다. 경영은 각 기능과 요소의 진주를 엮어서 아름다운 목걸이를 만드는 활동이다. 이것이 비즈니스 스쿨에 목걸이 과목이 필요한 이유이다.

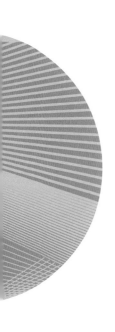

08

인생의 스티어링 휠

　인생을 자동차라고 한번 생각해 보자. 자동차에는 4개의 바퀴와 1개의 핸들 즉, 스티어링휠이 있다.

　인생이라는 자동차에는 건강, 일, 가족, 그리고 친구라는 4개의 바퀴가 있으며 그리고, 그 자동차의 방향을 조정하는 스티어링휠이 있다.

　여러분들은 바로 그 스티어링휠을 잡고 운전하는 주인공이다.

　건강과 일은 인생이라는 자동차의 2개의 앞바퀴이고 가족과 친구는 2개의 뒷바퀴라고 할 수 있다.

　만약 앞바퀴가 펑크가 나면 자동차가 서게 되거나 가고 싶은 방향으로 갈 수 없게 된다.

　인생의 스티어링휠도 마찬가지로 건강과 일을 잃으면 우리 인생도 평탄하게 유지할 수 없게 된다.

뒷바퀴에 해당하는 가족과 친구관계는 인생이라는 자동차가 앞으로 잘 나갈 수 있도록 하는 원동력이 된다.

더욱 중요한 것은 스티어링휠을 잡고 운전하는 여러분 자신의 마음이다. 목표를 정한 후에 길을 택하게 된다. 빨리 갈 것인지 천천히 갈 것인지는 각자의 선택의 문제이다.

그러나 한가지 분명한 것은 건강, 일, 가족과 친구의 4개 바퀴로 되어있는 자신의 자동차가 균형을 유지하면서 가치있는 방향으로 달려갈 수 있도록 노력해야 한다는 것이다.

자기 자신의 참다운 인생의 가치를 추구해야 한다는 뜻이다.

제가 즐겨하는 얘기 중에 '인생쇼핑리스트'라는 것이 있다.

미국의 존 고다드는 17세때에 일생동안에 하고 싶은 일, 가고 싶은 곳, 배우고 싶은 일 등 127가지의 리스트를 작성하고 이를 실천하기 위해 노력했다고 한다.

그는 탐험을 좋아했기 때문에 하고싶은 일 중에는 나일강 탐험, 에베레스트산 등반, 중국의 만리장성 여행, 비행기 조종 등이 있고 건강을 위해서는 검도 배우기, 윗몸일으키기 200회, 1.5m 높이뛰기 같은 것도 있다.

여러분들도 가치있는 삶을 위해서 '인생쇼핑리스트'와 같이 건강, 일, 가족, 친구의 4가지에 대한 인생의 스티어링휠을 한번 만들어 보는 것은 어떻습니까?

건강에 대해서는, 일에 대해서는, 가족에 대해서는, 그리고 친구에 대해서는 무엇을 할 수 있을까?

가령 건강에 대해서는 나이보다 10살은 젊은 체력을 유지한다든가, 축구 한 경기는 거뜬히 뛸 수 있다든가 하는 것.

또 일에 대해서는 최소한 맡고 있는 한 분야에 있어서는 세계 최고의 전문가가 되어본다든가, 그리고 가족에 대해서는 화목한 가정을 위해 언제나 신혼부부처럼 살자, 일년에 두번이상은 부부싸움을 하지 않겠다는 등 또, 친구에 대해서는 진정한 우정을 나눌 수 있는 친구 2명은 만들어 보겠다는 등 아마 여러분들 나름대로 인생의 스티어링휠을 구상할 수 있으리라 생각한다.

우리 가족은 가족의 스티어링 휠을 〈리리미 가족〉으로 기획을 해보았다.

리리미는 병아리, 동아리, 도우미의 끝 글자를 따서 만든 단어다. 결혼 생활을 병아리에서 닭이 되는 과정으로 보자면 병아리는 신혼 시절을 의미한다. 결혼 생활을 병아리처럼 신혼 기분으로 보내자는 것이다. 신혼 때는 남편만 보아도 설레고 살만 닿아도 전기가 흐른다. 신혼의 예민함이 지속될 때 스킨십도 유지하게 되며 친밀감이 높아 간다. 과연 우리에게 신혼 시절이 있었는지 가물가물한 기억으로 살 것이 아니라 신혼 시절 주고받은 편지, 선물 등을 간직하며 여린 병아리의 모습으로 살아가자는 것이다.

또 하나 동아리 활동이다. 취미가 전혀 다른 남편과 아내는 남남이 되기 쉽다. 어떤 아내는 사진에 푹 빠져 지내는 남편에게 불만이 산만큼 쌓여 있었다. 그러다 생각을 바꿔 사진 촬영 현장에 따라갔다가 자신도 사진에 빠지게 되었다. 결국 남편과 같은 동호회에 가입해 회원으로 지내면서 사이가 훨씬 좋아졌다.

우리 부부도 같은 취미 활동을 하고 있다. 대학 다닐 때 아내의 음악 수준은 심야 음악 프로그램인 '한밤의 음악 편지' 수준이었다. 그런데 47년간 함께 다양한 음악을 듣다 보니 이제 '서당개 3년에 풍월을 읊는다'는 말처럼 아내는 나를 위해서 디스크 자키가 될 때도 있다. 동아리 활동을 함께 하면서 친밀감을 이끌어 내는 기쁨이 담겨진 일기 한 편을 소개한다.

디스크 자키, 승한 씨

여보, 오늘 내가 디스크 자키 해줄게.
오늘 선물로 받은 금난새 유라시안 오케스트라의
비탈리의 샤콘느 …
세상에서 가장 슬픈 음악, 들어봐.

이제는 팝송 베스트야.
오랜만에 나나 무스쿠리 노래 한번 들어 봐.

그전에 많이 틀어 줬었지?

다음은 포크 힛트야.

"내가 만일 구름이라면… 너에게 비가 되고 싶어라…♬♬"

자, 이번엔 당신이 좋아할 것 같은 팝송이야.

시크릿 가든의 "You raise me up more than I can be."

가사가 좋아.

디스크 자키가 되어 준 승한 씨 옆에

발 뻗고 누워 있으니 행복했다.

아름답고 아름다운 선율과 노랫말 때문에…

디스크 자키 승한 씨가 베풀어 주는 풋풋한 친밀함 때문에…

내 무릎에 누어 음악을 들으며

눈 감고 지휘하는 승한 씨를 향해 말했다.

"당신 지휘 솜씨가 정말 대단해.

강렬함이 카라얀 같고, 섬세함은 세이지 오자와, 유연함이 무

티 같아."

　마지막으로 도우미가 될 것을 제안한다. 배우자를 위해 도우미가 될 때 상대방은 감동을 받는다. 우리 집 서재에는 아내가 만들어 준 60매 파일 열일곱 권 있다. 여기에는 47년간 모아 온 신문 기사, 강의 자료, 집필 원고 등 나에 관한 자료들이 빼곡이 들어 있다. 아내는 도움이 될 만한 것을 모아 주는 나의 도우미가 되었다. 나

도 아내의 도우미가 되어 무너지는 가정을 위한 홈빌더가 되고 싶어 하는 아내의 꿈을 이루어 가는 데 도움을 주고 있다. 결국 우리 부부는 서로의 도우미가 되어 서로의 꿈을 이루도록 도와주면서 공동의 비전을 성취해 나가고 있다.

첫사랑의 기쁨을 간직하기 위해 신혼의 예민함을 잊지 않는 병아리 시절로 돌아가고, 동아리 활동을 함께 하며, 배우자에게 도우미가 되는 생활을 가족 부분의 스티어링 휠에 첨가해 본다

4장

깊이 보는
시선

우물을 깊이 파려면 넓게 파지 않으면 안된다.
박이정(博而精). 나무를 보지만 숲을 보지 못하거나
숲을 보지만 나무를 보지 못해서는 안된다.
깊이 보는 시선으로 인생의 목표를 향해
최선을 다해본 적이 있는가?
젊거나 늙거나 참나무와 같은 네 삶을 살아라!

The Oak

Alfred Lord Tennyson

Live thy Life

Young and old,

Like you oak,

Bright in spring,

Living gold;

Summer-rich

Then; and then

Autumn-changed

Soberer-hued

Gold again.

All his leaves

Fall'n at length.

Look, he stands,

Trunk and bough

Naked strength.

참나무

_____ 앨프레드 테니슨

젊거나 늙거나
저기 저 참나무같이
네 삶을 살아라.
봄에는 싱싱한
황금빛으로 빛나며
여름에는 무성하고
그리고, 그리고 나서
가을이 오면 다시
더욱 더 맑은
황금빛이 되고
마침내 나뭇잎
모두 떨어지면
보라, 줄기와 가지로
나목 되어 선
저 발가벗은 '힘'을

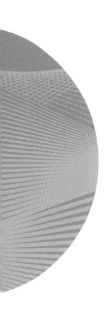

01

인생의 부호

?!-+ " " , - ( ) x x, o o, … … .

이 부호들의 의미가 무엇일까? 바로 내가 생각하는 '인생'이다. 또 내가 무슨 이야기를 하나 고개를 갸우뚱하는 사람이 있을지 모르겠다. 혹자는 인생을 여행이나 항해에 비유하기도 하고, 지도나 그림에 비유하기도 한다. 그런데 어느 날 문득 나는 인생이 문장 부호 같다는 생각이 들었다.

천진난만한 어린 시절엔 호기심이 많아 항상 '?(물음표)'가 많고, 사춘기가 되면 감수성이 예민해져서 모든 것이 '!(느낌표)'로 다가온다.

지식과 경험을 '+(더하기)'하거나 싫은 기억은 '-(빼기)'하고, 좋아하는 사람이나 문장을 인용하고 벤치마킹하는 ' " " (따옴표)'를 쓰기도 하며 성장해 간다. 많은 사람들과의 만남과 인연은 ' - (이음표)'로 대인관계를 넓혀 나가고, 그 많은 인연들 중 마음에 안 드는 사람은 마음속 ' ( ) (괄호)'안에 가두어(?) 버리기도 한다. 너무나 정신없이 달리는 지친 인생에 휴식의 ' , (쉼표)'도 사용해야 하며, 알고 있으면서도 남을 배려하며 드러내지 않을 때는 ' × ×, ○ ○ (숨김표)'를 사용하며, 말을 아껴야 하는 순간엔 ' … … (줄임표)'를 쓴다. 인생의 마지막은 결국 ' . (마침표)'로 맺게 되겠지요. 이렇게 부호들로 인생의 희로애락이 설명되는 걸 보면, 아무래도 선인들이 문장부호를 만들 때 인생의 경험 속에서 느낀 감정들을 반영하였던 것은 아니었을까?

문장 부호는 총 19가지라고 한다. 그 중에서 나는 ' ? (물음표)', ' ! (느낌표)', ' " " (따옴표)', ' , (쉼표)', ' . (마침표)' 등 5가지 부호에 관심이 많다.

물으세요?

어릴 적에는 잘하던 것들인데 성장하면서 잘 못쓰고 있다. 어린 시절을 생각해보니 엄마에게 '사람은 어떻게 생기나요?'라며 묻기도하고, 해는 왜 아침에 떠오르는지, 수돗물은 어떻게 우리 집에서 나오는지 모든 것이 궁금하고 질문이 많았다.

그런데 어른이 되면서 특히 사회생활을 하면서 많이 사라져 버렸다. ' ? (물음표)'만큼 사람을 창의적으로 만들고 회사를 발전시키는 부호도 없다. 일을 하면서도 왜 그렇게 해야 하는지, 더 좋은 방법은 없는지 질문하면 일을 하는 방법이 달라진다. 많이 물으세요. 물으면 달라진다. 또 대화의 시작도 바로 질문이다. 말이 끊길 때에도 질문하면 대화는 이어진다. 그래서 내가 가장 좋아하는 부호가 바로 ' ? (물음표)'이다.

느끼세요!

우리 인생에서 ' ! (느낌표)'만큼 중요한 것이 또 있을까? 아름다운 순간, 사랑하는 사람과 나누는 감동이야말로 우리 삶을 충만하게 해준다. 나도 와이프와 덕수궁 돌담길을 걷던 느낌, 첫키스 느낌, 어릴 적 어머니의 느낌 등 수많은 느낌들을 소중히 간직하며 살아간다. 여러분도 많은 느낌들을 기억하고 있을 것이다. 설령 나쁜 느낌이라도 인생을 더욱 풍요롭게 만들어준다는 생각으로 극복하길 바란다. 내가 좋아하는 아랍 속담 중에 '햇볕만 비치는 곳은 사막이 된다'(Too much sunshine makes only a desert)는 말이 있다. 이런 저런 난관을 겪으면서 인생의 깊은 가치를 배우는 게 아닐까? ' ! (느낌표)'를 얼마나 잘 이용하느냐에 따라 우리의 인생은 달라진다. 경영도 마찬가지이다. 고객이 느끼는 것을 섬세하게 경영에 반영하는 감성경영을 해야 경쟁력 있는 기업이 될 수 있다.

"따오세요"

우리를 더욱 성숙하게 하고, 문제를 해결하는 열쇠가 되어주고, 우리를 겸손하게 만들어 주는 것이 바로 ' " " '(따옴표)이다.

지식을 탐구하고, 우수 사례를 벤치 마킹하는 일을 게을리하지 말라. 기업에서 성공하는 친구들을 보면 따오기를 잘하는 사람들이다. 따올 때는 Take the Best, 최고의 사례를 따오고, 따올 게 없을 때는 Create, Make it Better, 스스로 만들라. ' " " '(따옴표)를 많이 써야 우리는 더욱 현명해질 수 있다.

잠깐, 쉬세요

사실 내가 가장 못쓰는 부호가 '쉼표'이다. 바쁘다는 핑계로 쉬는 시간을 내지 못하는 것인데 휴식은 게으름이 아니라 여유이고 성찰인데, 뒤를 반추해볼 수 있는 시간을 너무 못 가졌다. 내 '쉼표' 쓰임에 고과를 매긴다면 'Red'라고 할까요? 앞으로는 'Amber'가 되도록 노력할 계획이다.

마무리를 잘하세요.

그리고 어떤 일이건 마무리를 잘 해야 한다.

우리가 일을 할 때에도 지시를 받으면 반드시 ' . (마침표)'를 잘 찍어줘야 한다. 나는 마무리가 신통찮은 사람과 일하는 걸 좋아하지 않는 편이다. 과정도 중요하지만 마무리가 더 중요하다는 생각이다. 인생도 마칠 때 어떻게 끝마무리를 하느냐가 중요하겠죠. 나도 내 인생의 마지막에 무엇을 남길 것인지 생각해보곤 한다. 좋은 기업 문화라는 리더십 유산(Leadership legacy)을 남길 수 있을까? 비석에 뭐라고 쓰여질 지를 결정하는 것이 바로 ' . (마침표)'이다.

여러분은 어느 부호를 가장 많이 사용하며 살고 있는가? 오늘 ' ? (물음표)'를 사용했는가? 아니면 ' ( ) (괄호)'속에 미운 사람을 가두었는가? 항상 ' ! (느낌표)'의 연속일 수는 없겠지만, 우리들의 삶에 부정적인 부호들이 더 많이 쓰이지 않길 바래본다. 그러기에는 인생은 너무 짧고 소중하니깐.

02

Less Is More

1995년 리움미술관 마스터 플랜을 만들고 나서 건축 설계를 진행하기 위해서 마리오 보타, 장 누벨, 램 쿨하스, 테리 파렐, 프랭크 게리 등 세계적인 건축가들을 만났을 때에 그들이 공통적으로 하는 말이 있었다. "Less is More!".

여러분, 이 말의 의미가 무엇일까?

'적을 수록 많다. 적을 수록 풍부하다'는 뜻인데, 말하자면 '적은 것이 좋다'는 말이겠죠.

이 말은 현대 건축의 3대 거장 가운데 한 사람인 미스 반 데어 로에(Mies Van Der Rohe)가 해서 유명해진 말이다.

뉴욕의 시그램 빌딩 등 미스 반 데어 로에의 건축물은 매우 단순하지만 보면 볼수록 볼게 많고 오래 봐도 질리지 않아 생명력이 강한 것들이 대부분이다.

1996년 한국을 찾은 뮤지엄 건축 거장 프랭크 게리에게 종묘와 영주 부석사를 보여주었더니 세계에서 가장 아름다운 건축물이라며 감탄을 금치 못했다. 한국 건축물은 다른 아시아의 화려한 건축양식에 비해 간결하고 절제의 미가 살아 있어 Less is More 라고 하였다.

요즘 나는 이 Less is More의 의미를 다시금 생각하곤 한다. 현대 기업에 있어서 가장 중요한 요소인 디자인에 있어서도 그러하지만, Less is More는 꼭 디자인이나 건축에만 적용되는 말은 아니라 기업경영, 정치, 나아가 우리 인생에도 적용될 수 있다.

우리 실제 생활에서 보면 식사를 할 때도 많이 먹는 것보다는 모자란다 싶게 먹어야 건강에 좋고, 말도 지나치게 많이 하는 것보다는 조금 적게 하는 것이 더 호감을 갖게 한다.

패션도 너무 지나치지 않는 것이 더 세련되고 품격 있으며, 여행도 너무 오래 하면 오히려 편안한 집 생각이 나게 된다.

흔히들 주식 거래에는 산꼭대기와 계곡이 있다고 한다.

주식을 매각할 때 주가가 산꼭대기에 오를 때까지 기다리다가는 주가가 금새 떨어져 손해를 보기 십상이고 주식을 매입할 때에도 깊을 계곡을 칠 때 사려 하다가 바로 올라서 결국 더 비싸게 사는 경우가 많다.

집을 사고 팔 때도 그렇다. 팔 때는 생각보다 조금 못 미치는 가격일 때 팔아야 거래가 쉽게 성사되고, 살 때도 조금 비싸다 싶어도 사야 마음에 드는 집을 살 수 있다.

권력도 마찬가지이다. 권력에 너무 집착하면 도리어 파멸의 길로 가는 사례가 많다. 부패와 독선적 리더십으로 필리핀을 후진국의 길을 걷게 한 마르코스 전 대통령이나 페로니즘의 후안페론 아르헨티나 전 대통령 등은 권력에 대한 지나친 욕심이 부른 사례로 시사하는 바가 크다고 생각된다.

기업 경영에도 Less is More가 적용된다. 문어발식 사업 확장, 무리한 M&A, 과다한 부동산 투자 등 기업의 역량을 넘어선 무분별한 투자로 인해 몰락한 기업들이 종종 있다.

재계에서 매출액 순위 17위까지 하다가 무리한 M&A로 1997년 부도난 삼미그룹, 본업인 유통업을 망각한 채 지나치게 부동산에 투자하여 월마트에 팔리고만 일본의 세이부 그룹, 업의 개념도 제대로 알지 못하고 무리하게 사업을 확장해 법정관리 대상이 됐던 Kim's Club 등은 우리에게 좋은 교훈이 되고 있다.

이렇듯 사람이건 기업이건 국가건 자신의 그릇에 맞지 않게 무리한 욕심을 부리면 화를 부르곤 한다.

'그릇 만들기'가 중요한 까닭이 여기에 있다. 이조시대에 '계영배

(戒泳杯)'라는 술잔이 있었다. 계영배는 술을 7할 미만으로 따르면 전혀 새지 않지만 7할 이상 채우면 모두 밑으로 흘러내리는 술잔이다. 경계할 계, 찰 영, 잔 배의 뜻을 갖고 있으며, 과음을 경계하기 위해 만든 잔으로 절주배라고도 한다.

계영배는 우명옥이라는 유명한 도공이 술로서 방탕한 생활을 하다가 뒤늦게 그동안의 잘못을 깨닫고 만들어낸 잔인데, 거상 임상옥은 이 계영배를 늘 옆에 두고 과욕을 다스리면서 큰 재물을 만들었다고 한다.

계영배는 인간의 끝없는 욕심을 경계하여 넘치면 곧 아무것도 없는 것과 같으므로 자기의 분수에 맞는 삶에 자족할 줄 아는 지혜가 필요하다는 가르침을 준다. 계영배야말로 Less is More의 의미가 살아있는 작품이라고 생각된다.

동서고금을 막론하고 지고의 경지에 다다르면 생각하는 바가 같아지는 모양이다. 공자 말씀에 '과유불급(過猶不及)'이라고, '지나친 것은 미치지 못한 것과 같다'는 비슷한 말이 있듯이 플라톤 역시 행복이란 적당히 모자란 가운데 그 부족분을 채우기 위해 노력하는 것이라고 했다.

플라톤은 행복을 얻기 위한 5가지 조건으로 첫째, 먹고 입고 살고 싶은 수준에서 조금 부족한 듯한 재산, 둘째, 모든 사람이 칭찬하기에 약간 부족한 용모, 셋째, 사람들이 자신이 자만하고 있는 것에서 절반 정도밖에 알아주지 않는 명예, 넷째, 겨루어서 한 사람에게 이기고 두 사람에게 질 정도의 체력, 다섯째, 연설을 듣고서 청중의 절반은 손뼉을 치지 않는 말솜씨라고 했다.

성경에도 '오직 각 사람이 시험을 받는 것은 자기 욕심에 끌려 미혹됨이니 욕심이 잉태한즉 죄를 낳고 죄가 장성한즉 사망을 낳느니라(야고보서 1:14-15)'라는 말씀이 있다.

Less is More! 우리 인생에서 이 의미를 다시 한번 음미해보기 바란다.

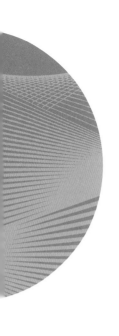

03

나의 아버지, 쌀 한톨
거짓이 없는 정미소 CEO

나는 거짓말하는 사람을 싫어한다.

'정직'하면 내 머릿속에는 자연스럽게 아버지의 됫박이 떠오른다. 아버지는 시골 동네 정미소 CEO에 불과했지만, 누가 봐도 명백한 경영 스타일을 갖고 있었다. 바로 '정직한 경영'이었다.

정미소에서는 도정을 하거나 곡식 가루를 빻아주고 돈 대신 현물로 삯을 받았다. 쌀 한 가마니를 도정해주면 삯으로 쌀 한 되나 두 되를 받는 식이었다. 그런데 그 삯을 됫박으로 덜어낼 때 늘 손님이 지켜보고 있는 것은 아니었다. 그래서 어떤 정미소에서는 조금이라도 삯을 더 챙기기 위해 편법을 쓰곤 했다. 됫박 안쪽 밑바닥을 오목하게 파내 쌀을 더 담을 수 있게 하거나 손님이 안 볼 때

됫박 위로 쌀을 수북하게 담아서 덜어내는 식이었다.

하지만 아버지는 누가 보든 보지 않든 됫박으로 쌀을 푼 다음 대나무 자로 정확하게 깎아냈다. 더도 덜도 아닌 완벽한 수평을 이룬 됫박 속 쌀알들의 모습이 지금도 떠오를 정도이다.

"이 집은 아주 정확하네요. 정확해."

우리집으로 쌀가마니를 메고 온 사람들은 하나 같이 이런 말들을 했다. 어떤 경우에도 속이지 않는다고 소문이 나서 매년 오는 단골들이 늘어갔다. 리더십은 일종의 영향력이다. 조직의 구성원들이 한 곳을 향해 열정으로 나아갈 수 있도록 만드는 영향력인 것인데, 그게 참 오묘하다. 위에서 명령하거나 지시한다고 해서 구성원들이 무조건 따르는 게 아니라 조직의 구성원들이 리더에 대해 전폭적으로 신뢰할 때에라야 그 영향력이 최대한 발휘되기 때문이다.

우리집에서 먹고 자고 일하던 직공들과 일곱 형제들은 단 한 번도 아버지의 말에 의구심을 품어본 적이 없다. 형제들은 사소한 일이라도 거짓말을 하지 않았으며 아버지가 집에 있건 없건 각자 할 일을 자율적으로 찾아서 했다. 결코 아버지가 무서워서가 아니었다. 아버지가 좋은 방향으로 두루두루 영향력을 미칠 수 있었던 바탕에는 언제나 정직하게 행동하는 아버지의 삶이 있었던 것이다.

1998년부터 99년까지 삼성물산이 테스코 그룹과 합작을 진행하던 시기에 회사 분위기는 무척이나 뒤숭숭했다. 점심시간이면 회사 복도가 담배 연기로 자욱했다. 자욱한 연기 사이로 비치는 직원들의 뒷모습은 잔뜩 구겨진 겉옷만큼이나 삭막하고 우울해 보였다. 대한민국 공히 일류 기업에 다닌다는 자부심으로 근무한 사람들이 이제 일자리를 잃을지도 모른다는 절박감에 휩싸인 것이다.

삼성물산이 합작을 추진하게 된 배경은 1997년 말부터 몰아닥친 외환위기였다. 무엇이든 팔아서 달러를 확보해야 회사가 살아남는 마당에 좋은 합작회사를 찾는 것보다 더 급한 일은 없었다. 나는 수많은 외국 기업들 중에서 마침내 영국 테스코 그룹과 여러 가지 계약 조건을 맺는 과정을 진두지휘했다. 그런데 외부의 문제만큼이나 내부 직원들에 대한 해결 과제가 녹록치 않았다. 직원들은 아무도 합작 회사로 옮겨가려고 하지 않았고, 합작이 되면 일자리를 잃는 것은 아닌지 몹시 불안해했다. 급기야 노사협의회 직원들의 목소리가 한층 높아졌다. 일주일에 한 번씩 직원 대표들과 협상 테이블에 앉았다.

최대 관건은 전별 위로금 액수와 고용 보장이었다. 그런데 회사 측에서 제시하는 조건들 이 직원들에게는 전혀 받아들여지지 않았다. 직원들 대다수가 미래에 대한 불안감으로 가득차 있었기 때문에 조건을 검토하려고도 하지 않는 분위기였다.

"왜 우리가 삼성을 놔두고 다른 회사로 가야 합니까? 직원들을 헐값에 팔 아넘기고 임원들만 삼성에 남는 건 아닙니까, 예?" 이렇게 핏대를 세우며 따지는 직원들까지 있었다. 협상 테이블은 매번 감정싸움으로 치닫기 일쑤였다.

"지금 내가 고용 보장이나 전별 위로금에 대해 좋은 결과를 얻을 수 있도록 여러분 입장에서 삼성과 테스코에 최대한 노력할 테니 너무 걱정들 하지 말았으면 좋겠습니다." 내 말은 진심이었다. 어린 시절에 경험한 것처럼 함께 일하는 직원들을 언제나 가족처럼 느껴왔기 때문이다. 그래서 직원들에게 반드시 그 조건을 관철시키겠다고 약속했다. 내 월급이나 보너스가 아니라 직원들에게 최대한 혜택이 가도록 발이 닳도록 뛰어다녔다.

삼성과 테스코, 직원들까지 세 군데의 입장을 모두 설득해야 하는 과정이었다. 그 과정이 상당히 힘들었지만, 나는 어느 쪽에도 거짓된 정보를 주거나 그럴듯한 공허한 말로 현혹하지 않았다.

어느 하루, 나는 직원들과 저녁을 먹는 자리에서 허심탄회하게 대화를 나누다가 회사가 팔리고, 회사를 떠나는 것에 대한 얘기가 나오게 되었고, 누구랄 것도 없이 감정이 복받쳐올라 눈물을 글썽이기도 했다. 나는 자리를 떠나면서 분위기를 바꾸려고 노력했다. "여러분이 원하는 부분을 다 얻을 수 있도록 내가 정말 열심히 노력중이야. 우리 앞으로 올 좋은 날만 생각하며 일해봅시다."

나는 부회장을 찾아가 말했다. "오랫동안 모셔왔지만 한 가지 부탁드리겠습니다. 딸을 시집보낼 때도 장롱은 하나 사서 함께 보내는데, 회사가 팔려나가는데 정말 딸한테 장롱 하나 사서 보내는 셈 치고 전별 위로금을 주십시오." 부회장도 고민을 많이 했지만, 특별한 배려로 400%의 전별 위로금을 주기로 결정했다.

합작회사가 드디어 출범하던 날, 나는 직원들과의 약속을 지킨 것이다. 고용 승계는 물론 400%의 전별 위로금도 정확히 지급했다. 전별 위로금만 챙기고 사표를 내는 직원들도 꽤 있었지만 그 마음까지 붙잡는 데에는 무리가 있었다.

정직이야말로 사람 사이의 기본이다. 위기에 처해 있을 때, 갈등 속에서 방황하고 있을 때, 사람들의 마음을 달래주고 따라오게 하는 힘은 리더의 '꾸미지 않는 솔직함'에서 온다.

04

진인사 대천명
(盡人事 待天命)

"Do your best and wait God's order."

어느 미국인 친구가 우리나라를 방문하여 「盡人事 待天命」이라
는 글귀를 보고 무슨 뜻이냐고 물어봤을 때 대답을 해준 말이다.

그는 인생을 살아가는 데 있어서 이처럼 간결하면서도 가슴에
와닿는 말이 이제까진 없었노라고 탄성을 아끼지 않았다.

〈盡人事 待天命〉참으로 평범하면서도 모든 사람이 다 알고 있을
뿐 아니라 항상 실천하고 있다고 생각하고 있으나 실제로는 사람들
이 대체로 간과하거나 잘 지키고 있지 못하고 있다고 생각된다.

우리들은 자신이 하고 있는 일을 성취하기 위해 얼마나 전력을
다하고 있는가, 혹시 대충 노력을 하고 가장 좋은 결과를 바라는,

즉 요행을 바라는 마음가짐이 없는지 반성해 볼 필요가 있다.

　'오성과 한음'의 일화로 기억이 된다. 어느 날 칠성이란 친구가 아무리 〈千字文〉을 외우려 해도 잘 안되고, 새로운 것을 외우면 먼저 왼 것을 잊어버린다는 자신의 우둔함을 한음에게 탄식하였다. 이에 한음은 칠성이를 위로하면서 집으로 돌아가 깨진 독에 물을 부어 채워보라고 했다. 다음날 칠성이는 한음에게 찾아가 "네가 나를 그렇게 놀릴 수가 있느냐"며 화를 내자, 한음이 정색을 하며 "칠성아, 정말 네가 전력을 다해 한번 더 독에 물을 퍼부어 넣어보아라"고 다시 간곡히 권유하였다.

　그 뒤 칠성이는 평범하지만 귀중한 진리를 터득하게 되었다. 즉 조그만 구멍으로 새나가는 물보다 더 많은 물을 퍼부어 넣도록 전력을 다할 때 깨진 독에도 물을 채울 수 있다는 진리를 깨달은 것이다. 무슨 일에나 자신의 정열을 불태우며 끊임없이 노력하고 전력투구를 하는 자세가 샐러리맨이 성공할 수 있는 가장 기본적인 요건일 것이다. 그러나 깨진 독에 물을 채우는 것이 불가능한 것으로만 단정하고 그 이상의 노력을 하지 않으면 모든 것은 그 상태에서 그치게 된다.

　노력하는 자세와 함께 필요한 것이 나는 무엇이든 할 수 있다는 자신감, 즉 'Yes, I can'의 정신이다. '할 수 있다'는 정신을 가질 때 발상의 전환이 가능한 것이며, 아무리 어려운 문제에 봉착하더라도 이를 타개할 수 있는 새로운 아이디어를 생각하거나 새로운 방향을 탐구하여 추진할 수 있게 될 것이다.

　노력하는 자세와 할 수 있다는 정신과 함께 필요한 것이 자신이 맡은 분야에서 제1인자가 되겠다는 프로맨의 정신, 즉 '제1주의의 정신'이다. 먼저 이러한 정신적 자세와 노력하는 마음이 바탕이 되어야 하고, 이와 함께 실제 업무 추진의 방법과 요령을 터득해야 할 것이다.

　나는 〈博而精〉을 업무 추진의 좌우명으로 삼고 있다. 나무를 보되 숲을 보지 못하는 愚를 범해서는 안될 것이다. 먼저 업무 전체를 조감적으로 관찰하여 목표를 뚜렷이 정한 후, 목표달성을 위한 추진계획을 수립하고 나서 일의 중요도와 타이밍을 고려하여 세부적인 업무에 착수하는 것이다. 이러한 방법으로 접근하여 업무를 수행하면 잦은 실수는 있어도 전체의 방향이 빗나가는 커다란 실수를 범하여 일을 그릇치는 경우는 없으리라 생각된다.

　마지막으로 샐러리맨은 한 회사에 고용되어 일하는 종업원이라는 생각에서 벗어나 '나의 회사', '나의 일'이라는 의식과 '내가 맡은 일은 내가 전문가이며 내가 의사결정을 할 수 있는 사람'이라는 주인의 의식을 가져야 할 것이다.

　내가 주인이라는 의식을 가지고 노력하는 자세, 할 수 있다는 정신, 제일 주의의 정신 등을 바탕으로 목표를 향해 자신을 먼저 불태울 때 어떠한 일이라도 성취할 수 있을 것이다.

05

다이어트 경영

비행기만 타면 나는 한가지 생각에 빠져 몰입하는 경향이 있다. 연말에 가족들과 함께 휴가를 다녀오는 비행기에서 8시간 동안 나를 사로잡은 생각이 있었다. 지나간 시간동안 우리 회사가 성장해 온 시간을 돌아보면서 창업 시절 어려운 때도 많았는데, 참으로 많이 성장했다는 생각을 하면서도 지금은 조직이 너무 비대해지고, 우리가 너무 자랑스러워하고 너무 교만해진 것은 아닌지 걱정도 들었다. 혹시 이것이 '대기업병' 징후는 아닌가 하는 생각이 뇌리를 스쳤다.

어떻게 하면 대기업병의 증상을 조기 진단하고 치료할 수 있을 것인가를 생각하다가 대기업병의 진단과 처방을 위한 '다이어트 경영' 모델을 만들었다.

이렇게 고민하던 시기에 마침 서울대병원에서 의사들에게 강의를 할 기회가 생겼다. 의사들을 상대로 한 강의였기 때문에 어떤 내용으로 하면 그들의 눈높이에 맞출 수 있을까 생각하다가 떠올린 강의 제목이 바로 '다이어트 경영'이었다.

대기업들이 주로 앓고 있는 조직의 문제를 의사들이 이해하기 쉬운 '성인병'으로 설명한 것이다. 내가 기업경영에서 실제로 진행했던 '체질 개선을 위한 다이어트 경영'의 사례를 직접 소개했다. 실제 어떤 조직 내에서도 유용하게 활용할 수 있는 방법이다.

비대한 조직의 상태를 진단하고 그것을 개선한다는 것이 결코 간단한 일은 아니다. 어디서부터 시작하고 어떻게 문제를 해결해야 할지 방향을 가늠하기 어렵다.

이럴 때 조직의 '병'을 사람의 '병'으로 바꾸어 생각해보면 문제의 핵심을 단순화할 수 있다. 아리스토텔레스가 메타포의 정의로 말했던 '한 사물에 속하지 않는 다른 이름을 부여하는 것'이다.

조직의 병을 비만증, 동맥경화증, 시청각 장애, 호흡기 질환, 신경마비, 뇌사상태의 성인병 단계로 나누고 이에 해당되는 조직의 문제점을 분석해 봤다.

비만증Organizational Obesity은 조직에서 가장 먼저 일어나는 성인병 증상으로 서류가 넘쳐나며 회의가 잦아지고 프로세스가 복잡해진다.

동맥경화증Arteriosclerosis에 걸리면 의사소통에 장애가 오고 부서별 이기주의가 판을 치며 조직 자폐 현상이 나타난다.

시청각 장애Visual Impairment가 나타나면 고객과 시장을 외면하고, 사실을 왜곡하며 위기의식이 결여된다.

호흡기 질환Respiratory Trouble이 심해지면 조직 내에 탁상공론이 만연하고 혁신이 부족해지며 줄서기 문화로 '예스맨'들이 보이기 시작한다.

신경마비Nerve Damage 증세로 발전하면 권위의식과 책임회피, 엎드려서 눈만 움직여 눈치를 보는 복지안동 현상이 심해진다.

뇌사 상태Brain Death에 이르면 조직이 무기력해지며 스피드가 감소하며 사내 실업이 발생하게 된다.

'다이어트 경영'에 대해서는 강의를 했던 서울대 의대 의사들에게 검증까지 받았다. 그들 역시 일반적인 수준에서 큰 오류는 없다고 말해주었다.

지난 30년간 한국 기업의 생로병사를 살펴보면 국내 100대 기업 중 13개만이 생존해있으며, 50대 기업 중에서는 4개만이 현재까지 생존해 있다. 대기업병을 치료하지 못하고 결국은 사라져 버린 기업이 대부분인 것이다.

다이어트는 물론 하기 싫고 힘이 든다. 그러나 다이어트와 건강한 식생활을 해야만 체질이 개선되고 성인병이 악화되는 것을 막을 수 있는 것처럼 우리의 조직도 초기의 비만증을 방치하면 동맥경화증이 되고 마지막에는 뇌사상태로 빠지게 된다. 지금이 바로 다이어트 경영을 시작할 때이다.

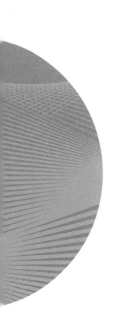

06

엉뚱한 편가르기

"안 들어와도 좋습니다". 1995년 삼성중공업의 중장비공장 투자를 지원받고자 만난 당시 영국 상공부 장관인 마이클 헤질타인의 대답이었다. 헤질타인 장관은 "삼성전자는 첨단산업의 일류 기업이지만 삼성중공업의 중장비사업은 들어보지도 못했다. 그보다 훨씬 좋은 카타필러, 스카니아, 고마츠 등의 초우량 회사가 이미 들어와 있기 때문에 삼성의 중장비사업에는 지원해 줄 수 없다"고 잘라 말했다. 영국정부는 첨단 초우량 기업이라고 생각했던 삼성전자가 들어오고자 할 때에는 투자유치를 위해 특혜라 할 만큼 엄청난 인센티브를 제공했지만 반면에 삼성의 중장비사업처럼 경쟁력이 없다고 판단한 기업에게는 참으로 냉정했다. 이것이 바로 투자유치의 핵심이다. 좋은 편가르기는 영국경제를 부활시킨 성장의 엔진이 되었다.

반면 한국에는 투자와 성장의 발목을 잡는 엉뚱한 편가르기가 있다. 초우량기업과 부실기업으로 좋은 편가르기를 하기 보다는 외국계기업과 토종기업으로 편가르기를 하고 있다. 한국처럼 외국계기업과 토종기업을 구분하여 투자에 좋지 않은 분위기를 만들어 내는 나라가 또 어디 있는가? 사실 따지고 보면 우리나라에서 가장 큰 외국기업은 외국자본이 50%가 넘는 삼성전자와 포스코다. 이미 자본 투자는 자유화 되어 국경 없이 넘나들고 있다.

이제는 투자자가 누구냐가 중요한 것이 아니라 한국경제를 발전시키고 국가 브랜드 가치를 높일 수 있는 세계적인 초우량 기업이 한국에 있느냐 없느냐가 더 중요한 때다. 우량기업에게는 우대를 해 주고 부실기업은 퇴출시켜야 한다.

우리는 96년 세계최대의 실리콘 제조업체인 미국 다우 코닝사로부터 28억 달러 규모의 투자를 유치하는데 실패한 경험을 가지고 있다. 이제는 되풀이 하지 말아야 한다. 서울 상암 디지털 미디어 시티에 벨 연구소, 마이크로 소프트 등 세계적인 첨단 기업을 유치하기 위해서는 파격적인 지원을 해 주어야 한다. 그러면 연쇄효과로 다른 기업들이 쉽게 따라 들어 오게 된다.

우리의 정서 속에는 한국병이라 할 만큼 고질적인 외국계 기업과 토종 기업을 구분하는 엉뚱한 편가르기가 있다.

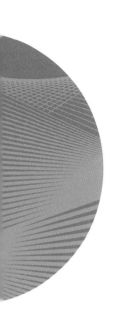

07

성과는 시간에
비례하지 않는다

학생들에게 리포트를 일주일 내에 제출하게 하든 두 달 후에 제출하게 하든 리포트 제출기한을 넘기는 학생 수는 비슷하다고 한다. 일의 성과와 시간이 반드시 비례하지는 않는다는 것이다.

이런 현상은 영국의 경제학자 노스코트 파킨슨이 업무량에 관계없이 공무원의 수는 늘어난다는 것을 1955년 런던 이코노미스트지에 발표하며 최초로 밝혀 파킨슨의 법칙이라고 한다.

우리는 종종 데드라인을 정해놓고 일을 한다.

어떤 부서나 어떤 일에도 일정한 시간의 목표가 있기 마련인데, 일을 좀더 잘하기 위해 시간을 좀더 가질 필요도 있지만 주어진 시간 내에 일을 마치는 것이 더욱 중요할 때가 많다.

반도체 산업도 이와 같다. 일반적으로 대부분의 사람들은 반도체 산업의 업의 개념을 첨단 기술 산업이라고 생각한다. 물론 첨단 기술 산업이지만 실상 더 중요한 것은 신제품을 개발해내는 속도, 바로 타이밍이다. 이익의 차이는 엄청나게 달라진다. 삼성이 오늘날 반도체 산업으로 성공할 수 있었던 것도 엄청난 투자 리스크를 감수하더라도 세계에서 가장 빨리 신제품을 개발해냈기 때문이다. 처음에는 다소 수율이 낮았지만 시장을 선점한 후 빠른 시 일 안에 수율을 세계 최고 수준으로 끌어올렸던 것이다.

최근 타이밍을 맞추는 스피드 경영이 기업 경쟁력을 좌우하는 큰 요소 중 하나가 되었다. 아마도 한국이 세계에서 디지털 산업을 리드하고 있는 이유도 제 때에 일을 끝내고자 하는 한국의 빨리빨리 문화 덕분이 아니었나 싶다.

08

레스토랑에 눈이 내리면
경영자는…

리더와 매니저, 오너와 기업가는 어떻게 다른가? 보스턴대학에
서 리더십에 대한 라운드테이블 토론과 연구 활동을 하면서 가장
뜨겁게 논란이 되었던 주제였다.

그때 나는 석학 교수들에게 각각의 개념과 상호관계를 보다 이
해하기 쉽게 설명하기 위해서 재미있는 눈 내리는 레스토랑 이야
기를 만들었다.

어느 마을의 아름다운 언덕 위에 한 레스토랑이 있었습니다.
새벽녘부터 창밖에는 함박눈이 쏟아지고 있습니다. 만약 당신
이 레스토랑 운영을 책임지고 있는 리더(Leader)라면, 또 매니저
(Manager)나 직원(Staff)이라면 무엇을 어떻게 하시겠습니까.

또 당신이 레스토랑의 주인(Owner)이나 기업가(Entrepreneur)라면 무엇을 하시겠습니까.

우선 리더(Leader)는 Doing right things, 올바른 결정을 하는 사람이다. 눈이 내려 쌓이기 시작하면 창밖의 상황과 일기예보 등을 파악한 후 바로 눈을 치우도록 결정한다.

리더는 고객들을 위해 지금 바로 눈을 치우는 것이 올바른 결정이라 생각한다. 그래서 직원에게 영향을 미쳐 제설 작업을 하도록 하고 필요에 따라서는 자신도 함께 작업을 돕는다.

매니저(Manager)는 Doing right things in the right way, 리더가 결정한 올바른 일을 올바른 방법으로 실행하는 사람이다.

효과적인 제설 장비를 동원하고, 사람들을 효율적으로 관리하여 목표를 달성하는 것이 매니저의 몫이다.

매니저가 선택한 방법에 따라 제설 작업의 효율이 크게 달라질 수 있다. 이때 훌륭한 매니저라면 앞으로도 이러한 제설 작업이 반복적으로 일어날 수 있기 때문에 지금보다 더 효율적인 방법을 강구해서 미래를 대비할 것이다.

그리고 직원(Staff)은 Doing right things in the right way skillfully, 올바른 일을 올바른 방법을 동원해 기술적으로 처리하는 사람이다. 동원된 장비를 가지고 제설 작업을 솜씨 있게 틀림없이 잘 처리해야 한다. 이것이 바로 장인정신(Craftsmanship)이다.

오너(Owner)는 Possessing things right, 비즈니스를 소유하고 제대로 관리하는 사람이다.

말 그대로 주인이다. 자기가 소유하고 있는 자산, 즉 레스토랑 비즈니스를 어떻게 잘 관리하여 가치를 올리느냐에 가장 큰 관심을 가지고 있다.

고객이 접근하기 편리하도록 눈을 치우는 것은 물론 레스토랑의 자산을 더 좋은 상태로 유지하고 지키기 위해서 눈을 치운다.

오너정신(Ownership)은 레스토랑 주인만이 가지는 것이 아니라 리더, 매니저는 물론이고 직원까지 조직 구성원이 모두 가져야 할 기본정신이다. 회사에 신입사원이 들어오게 되면 주인의식, 즉 오너정신을 강조하는 것이 이와 같은 맥락인 것이다.

마지막으로 기업가는 'Taking risks, Exploiting changes as an opportunity', 위험을 감수하고 변화를 기회로 활용하는 사람이다. 펑펑 내리는 눈을 보면서 가족들이나 연인과 함께 식사를 즐길 수 있는 특별한 테라스 공간을 만들고, 레스토랑 앞 정원에 눈사람을 만들어서 새로운 고객을 창출하는 사람이라고 하겠다.

즉 기업가는 레스토랑의 현재 상태만을 잘 지키려는 사람이 아니라 위험을 감수하고서라도 새로운 기회를 창출하여 레스토랑을 더 발전시켜 나간다. 근본적으로 기업가는 모든 일이 더 나은 세상을 만드는 데 기여하는 사회 봉사의 정신을 가져야 한다.

경영자는 리더이자 주인이다. 따라서 강한 오너정신과 직원이나 매니저보다 더 높은 수준의 기업가 정신이 요구되는 것이다.

《Chief Executive 경영의 창》, 기고 / 2014.12월호)

5장

건너 보는
시선

아픔을 겪은 사람만이 아픔을 이해한다.
상대방의 입장에 서서 생각하는 건너가 보는 시선으로
지쳐있는 한 마리의 새를 둥지로 되돌려 보낼 수 있다면
내 삶은 결코 헛되지 않을 것이다.
작고 찢어진 우산이라도 나누어 쓸 수 있는
마음 가짐이 따뜻한 세상을 만들 것이다.

If I can stop one
heart from breaking

_____ Emily Dickinson

If I can stop one heart from breaking

I shall not live in vain;

If I can ease one life the aching,

Or cool one pain,

Or help one fainting robin

Unto his nest again,

I shall not live in vain.

아픈 마음 하나 달랠 수 있다면

_____ 에밀리 디킨슨

만약 내가 한사람의 가슴앓이를 멈추게 할 수 있다면

나 헛되이 사는 것 아니리.

누군가의 아픔을 덜어줄 수 있다면

고통 하나를 가라앉힐 수 있다면

혹은 기진맥진해 지쳐 있는 한 마리 울새를

둥지로 되돌아가게 할 수 있다면

나 헛되이 사는 것은 아니리.

01

울지마 톤즈

울지마, 톤즈 이태석 신부. 우는 것을 수치로 여기던 톤즈 사람들이 그의 죽음 앞에 한없이 울었다. 어린아이들부터 어른들까지 모두가 울었다.

'사랑해. 당신을 정말로 사랑해. 당신이 내 곁을 떠나간 뒤에 얼마나 눈물을 흘렸는지 모른다오.' 어린이 브라스 밴드 소년들은 이태석 신부의 사진을 가슴에 안고 또렷한 한국말로 이 노래를 부른다.

음악이라는 것은 전혀 몰랐던 아이들인데, 그의 죽음을 안타까워하는 그들의 노래가 어찌나 애절한지 나도 모르게 눈물이 났다. 이태석 신부는 아이들의 마음을 총탄 소리 대신 즐거운 음악 소리로 채워주기 위해 수단 최초의 어린이 브라스 밴드를 만들었다. 아이들은 총과 전쟁의 상처가 아닌 희망과 행복을 느낄 수 있게 된 것이다.

이 영화는 아프리카 수단 남부에 위치한 작은 마을 톤즈에서 사람이 사람을 위해 얼마나 아름다운 사랑을 실천할 수 있는지, 그리고 그 사랑이 어떻게 세상을 변화시킬 수 있는지를 보여준 이태석 신부에 관한 이야기이다. 아프리카에서도 가장 오지로 불리는 톤즈는 20년에 걸친 오랜 동안의 남북 내전으로 폐허가 된 지역이다. 북부군과 남부군 사이에 평화협정을 체결한 이후 형편이 조금씩 나아지고 있지만 사람들은 여전히 오염된 강물을 마시고, 질병과 가난으로 찌든, 희망과 기쁨이 없는 그런 오지이다.

오지 중의 오지, 바로 이곳 톤즈에서 이태석 신부는 세상에서 가장 아름다운 사랑 이야기를 써 내려갔다. 어려운 형편 속에서 의대를 졸업한 그는, 어머니의 꿈이었고 집안의 희망이었으나 장래를 보장받는 의사라는 직업을 버리고 사제의 길을 걸었다. 그리고 아프리카 수단의 오지 톤즈와 한센인의 마을에서 봉사하는 경험을 하게 된다.

이태석 신부는 톤즈 사람들을 위해서 언제나 나를 위한 결정이 아닌, 그들을 위한 결정을 했다. 아무리 한밤중에 찾아온 환자라도 단 한 번도 돌려보낸 적이 없는 훌륭한 의사였다. 그는 장갑도 끼지 않은 손으로 한센인의 상처를 만져 주었다. 약을 바르고 붕대를 감아 주어도 맨발로 다니는 발이 상처투성이인 것을 보고, 한센인 한 명 한 명의 발을 직접 그려 가며 그들에게 꼭 맞는 신발을 만들어 준 것도 바로 이태석 신부이었다.

그의 사랑은 여기서 끝이 아니었다. 난생처음 받아본 건강 검진에서 말기암 판정을 받은 그는 신에게 불평 한마디 정도는 할 수도 있을 텐데, '톤즈에서 우물 파다가 왔어요. 마저 파러 다시 돌아가야 하는데…'라고 이야기한다. 말기 대장암이라는 사형선고를 받은 일주일 후, 톤즈를 돕기 위한 자선 음악회에 나가 밝은 얼굴로 기타를 치며 노래를 불렀다.

이태석 신부는 지금 하늘나라로 떠나갔지만, 그가 심은 사랑의 불씨는 지금도 아프리카를 위한 희망운동이 되어 계속해서 타오르고 있다. 그가 작사 작곡했던 '묵상'에서의 기도처럼, 모든 것을 바쳐 내 이웃의 아픔을 품고 사랑하리라 했던 자신의 고백처럼, 그렇게 살다간 이태석 신부의 삶은 우리가 진정 붙들어야 하는 삶의 가치가 무엇인지를 다시 한번 생각해보게 한다.

02

5월의 편지

사랑하는 아내 오리와 딸 현주에게

당신과 함께 맞는 27번째 5월.

가슴 저리게 떠오르는 일이 많아요. 오래전 우리의 사랑이자 생명이었던 아들 성주가 하늘나라로 간 것도 봄꽃이 세상을 환하게 밝힌 5월이었지요.

귀여운 딸 현주가 의젓한 편지로 슬픔에 잠긴 우리에게 한 줄기 삶의 밝은 빛을 주던 것도, 그리고 2년 전 삼성물산 유통 부문 대표이사로서 영국과의 합작을 성공적으로 성사시킨 때도 5월이었지요.

사랑하는 오리,

　나는 세상에서 제일 행운아입니다.

　당신은 나의 존경하는 아내, 가장 친한 벗, 사랑하는 연인, 그리고 똘마니이자 보스이기도 합니다.

　힘겹고 어려울 때마다 내게 가장 많은 힘과 용기를 주었던 사람은 바로 당신이었지요.

　합작 후 삼성 테스코 홈플러스를 세계 최고 유통기업으로 만들기 위해 쉼 없이 달려오던 중 병원 신세를 져야 했을 때, 가장 큰 위안이 되었던 사람도 당신과 현주였습니다. 이건 나의 행운이지요.

　사랑하는 오리,

　우리는 슬픔과 시련을 통해 참된 인생의 가치를 알았습니다. 세월의 흐름이 얼마나 빠른지 그저 놀랍기만 합니다.

　소중한 아들 성주를 하늘나라로 떠나보내고 당신마저 충격으로 기쁨도 슬픔도 느끼지 못한 채 암 선고를 받고 투병 생활을 하는 크나큰 시련이 닥쳐왔지만, 하나님의 은총과 우리 가족의 사랑이 있었기에 굳건히 다시 일어날 수 있었지요.

　우리 가족의 소중한 사랑도 슬픔과 고통의 긴 터널을 함께 지나왔기에 더욱 영글어질 수 있었던 것 같습니다.

오리씨, 우리는 인생의 스티어링 휠(Steering Wheel)을 함께 디자인 했었지요. 인생을 살아가는 데에는 가족, 건강, 친구, 일이 가장 중요하다고 같이 생각했지요.

그리고 가족에 대해서는 신혼처럼 지내고 취미를 같이 하고 봉사하는 가족이 되자고 목표를 세웠지요.

그런데 실은 늘 맘에 걸리는 것이 월 1회 연애 편지쓰기 목표를 지키지 못하고 있는 것입니다.

이번에 한꺼번에 편지를 보냅니다.

1월분 나는 당신을 사랑합니다.
2월분 나는 당신을 더욱 사랑합니다.
3월분 나는 당신을 더욱더 사랑합니다.
4월, 5월분은 몰아서 이 편지로 대신해도 될까요.
좀 봐주세요.

그리고 또 하나의 목표인 봉사하는 가족으로 누군가에게 사랑과 기쁨을 줄 수 있도록 노력합시다.

문득 당신이 얼마 전 33년간의 손 때 묻은 일기를 묶어 펴낸 책 《사랑하는 사람을 위해 오늘을》에서 얘기한 것이 생각납니다.

'… 그러나 한 가지 절대로 변하는 않는 유일한 것은 내가 당신을 사랑한다는 것입니다.' 정말 내가 오리에게 하고 싶은 말입니다.

사랑하는 오리씨,

내게 한 가지 소망이 더 있는 것 알고 있어요?

그것은 음 …

우리 부부가 비슷한 시기에 함께 이 세상을 떠나는 거랍니다.

현주야, 미안하다.

                                        - 당신의 승한으로부터

  2001년 가정의 달 5월, 〈한국일보〉의 부탁으로 기고한 가족에
대한 글이다. 한국일보사에서 동판을 만들어 보내주었는데 우리가
정의 세 가지 보물 중의 하나가 되었다.

03

친절한 코끼리

"친절한 코끼리는 언제나 숙녀에게 자리를 양보한다."

20여년 전 영국 주재원으로 있을 당시 아들 녀석이 유치원에서 배워 늘 입에 달고 다니던 말이다. 그 말을 하도 들은 덕분에 외울 지경이었는데, 아들이 배워 오는 것을 유심히 살펴보면 대부분 친절, 배려, 양보하는 자세, 포용, 나눔, 질서, 존경 등에 관한 '기본의 미덕'이었다. 어릴 적부터의 이런 교육이 영국의 수준 높은 시민의식을 형성하는 것은 아닐까?

우리나라가 선진국이 되려면 소득의 경제적 성장(Flow) 뿐만 아니라 선진 국민으로서의 높은 시민의식이 필요하다. 이것은 국가의 무형고정자산으로 국가 자산개념의 국부(Stock)를 만드는 기초가 된다. 나아가 국가 이미지와 브랜드 형성에 엄청난 영향을 미친다.

최근 우리나라는 '글로벌 코리아'를 외치고 있다. 그렇다면 무엇부터 시작해야 하는가? 친절, 배려, 질서 등에 더불어 우리 모두가 다문화에 대한 수용과 포용에 앞서야 한다. 외국인이 방문하고 싶고 살고 싶은 나라를 만들려면 바로 세계가 인정하는 선진 시민의식을 키워야 한다.

뉴욕은 훌륭한 리더가 도시의 변화를 이끈 좋은 사례다. 90년대 초 뉴욕은 그야말로 범죄의 도시였다. 당시 뉴욕 출장을 갔을 땐 범죄빈도가 너무 높아 화장실도 열쇠를 갖고 다니고, 혹시 만날지 모를 불량배에 대비해 뒷주머니엔 달러 몇 장을 지니고 다니기도 했다. 이런 뉴욕을 바꾼 것이 바로 줄리아니 시장이다. 줄리아니 시장은 취임 후 먼저 담벼락이나 지하철의 낙서를 지우고, 빈 캔을 아무 데나 버리는 것과 관광명소인 타임스퀘어에서 거리의 여자들이 호객하는 행위를 단속하는 등 기본적인 질서와 시민의식을 바꾸어 나갔다. 사소한 것에 치우친다는 비판도 있었지만 결국 1년 만에 뉴욕의 범죄율은 반으로 줄어 들었고 관광객도 늘어났다.

지금까지 우리의 발전과정에서는 외형적인 규모의 성장만을 강조해 왔지 높은 시민의식을 국정과제로 삼고 이끌어 온 리더가 있는가?

"먼저 불타지 않으면 남을 불태울 수 없다"는 말이 있다. 지금 우리에게 필요한 것은 리더 스스로 변화해 시민의식을 이끄는 일이다. 이제 우리에게 진정 '친절한 코끼리'를 만들 수 있는 위대한 리더가 나오길 바란다.

04

찢어진 우산

얼마 전 헤이리 예술마을에 들른 적이 있다. 평소 좋아하는 책과 미술 등 예술의 거리에 있는 북하우스에서 《배려》라는 책이 눈에 띄어 집어 들었다.

수석으로 입사하여 고속 승진을 계속하던 주인공 위가 갑자기 정리대상으로 지목 받는 프로젝트 1팀으로 발령 받으면서 겪게 되는 이야기가 한국형 우화로 재미있게 구성되어 있었다. 그 과정 속에서는 주인공 위는 경쟁보다는 배려가 인생을 지탱해주는 것임을 깨닫게 된다.

과연 배려란 무엇인가?

생각에 잠긴 나에게 문득 찢어진 우산이라는 단어가 떠올랐다.

비가 올 때 크고 넓은 우산을 가지고 있다면 좋겠지요. 자기는 물론 남과 나누어 쓸 수 있는 여지가 많을테니까요. 그렇지만 작고 찢어진 우산이라도 있다면 우산이 없는 사람보다는 나을 것이다. 작고 찢어진 우산이라도 있다면 우산이 없는 사람과 나누어 쓸 수 있는 마음가짐 그것이 진정한 배려가 아닐까?

실상 큰 우산을 나누어 쓰는 것도 대단히 어려운 일이다. 한국인 노벨 과학상 수상자를 배출해 달라며 KAIST에 676억을 기부한 이수영 광원 산업 회장, 돈을 버는 데는 천사처럼 할 수 없어도 돈을 쓰는 데는 천사처럼 하고 싶다며 1조원의 사재를 털어 아시아 최대 규모 장학재단을 설립한 100세를 눈앞에 둔 이종환 삼영화학그룹 회장, 통일과 나눔 펀드에 개인재산 전액 2000억을 기부하겠다고 밝힌 이준용 대림산업 명예회장의 기부 같은 것이 그것이다. 이들은 사회적 책임을 다하는 재벌로서, 큰 우산을 나누어 쓰는 모범적 사례를 보여주었다.

하지만 세상에는 큰 우산을 가진 사람이 많지 않다. 큰 우산을 나누어 쓰면 좋겠지만, 찢어진 우산이라도 나누어 쓸 수 있다면 의미가 있지 않을까? 자신이 어려운 상황에서도 상대방의 입장에서 생각하고, 상대방을 편안하게 해주는 것, 그것이 바로 배려이다. 우리는 배려하지 못하는 사람으로 인해서 종종 상처를 입기도 합니다.

내가 런던 지점장으로 근무하던 시절, 첫아이를 출산한 아내에게 꽃을 선물하고 싶어 꽃집으로 달려갔다. 그런데 바로 꽃집 폐점 시간 무렵이었고, 아무리 상황을 설명해도 점원은 매몰차게 Sorry! 라며 문을 닫았다. 무척이나 서운했던 마음에 지금까지 생각이 난다. 하루 종일 일하느라 피곤했겠지만 상대방에 대한 조금의 배려만 있었더라면, 지금까지 이렇게 아쉬운 마음이 남지는 않았을텐데 말이다.

나는 우리 임직원들이 비록 힘들더라도 상대방을 고려하고 찢어진 우산을 나누어 쓸 수 있는 그런 배려의 마음을 가졌으면 한다. 고객을 대함에 있어서도 고객이 무엇을 필요로 하는지, 무엇이 불편한지, 고객을 진실로 이해하는 작은 배려를 한다면 이는 바로 고객 감동으로 이어질 것이다.

우리 나라 문화에는 내 코가 석자라는 속담이 있다. 내가 힘들면 남은 배려하지 않아도 된다는 식의 사고, 배려하지 않는 문화가 사회 전체에 너무 많은 것 같다.

회사에서도 마찬가지이다. 여러분들 스스로 부하나 상사, 동료간에 배려하는 마음이 있는지 돌아보자. 상사는 부하 직원을 일을 해나가기 위한 인적 자원으로만 생각할 것이 아니라 자기 가족처럼 애정 어린 관심을 갖고 세심하게 배려하고 있는가? 1년에 몇 번이나 부하 직원을 배려하며 멘토링(Mentoring)해 왔는가? 혹시 부하의 앞날은 생각하지 않고 나 자신의 앞날만을 생각하지는 않았는가? 부하직원도 진심으로 상사를 존경하고 배려해야만 한다.

　이렇게 서로 가슴으로 이해하고 도와주는 배려가 기업의 문화로 정착될 때 그 기업은 가장 경쟁력있는 기업이 될 수 있다. 찢어진 우산을 나누어 쓰는 마음으로 힘들더라도 가족과 이웃, 동료를 배려하는 우리가 되었으면 한다.

05

내 보스는
이벤트의 여왕

나는 아내를 보스라고 부른다. 처음 보는 사람에게 소개할 때도 보스라고 소개하곤 한다. 키는 작지만 마음이 착하고 커서 '작은 거인', 'Little Big Woman'이라고도 부른다.

옛날 그리스 신화에는 원래 남녀가 한데 묶여 한 벌로 만들어졌는데 붙어 있는 남녀가 너무 정답게 지내는 모습에 시기심이 생긴 제우스가 남녀를 둘로 나누어 버렸다고 한다.

그래서 모든 남녀는 사춘기에 이르면 '더 좋은 나의 반쪽(the better half)이 어디 갔나?'하고 그리워하게 된다. 영원한 반려에 대한 그리움은 이렇게 하여 인간 본성의 한 부분이 되었나 보다.

사랑의 언어(Language of Love)

배우자가 가장 좋아하는 사랑에는 다섯 가지 언어가 있다. 인정하는 말, 함께하는 시간, 헌신적인 섬김, 좋아하는 선물, 따뜻한 스킨십. 이 다섯 가지 사랑의 언어는 부부 적응을 높이는 묘약이다.

그 중에서도 내 배우자가 가장 좋아하는 그의 첫 번째 사랑의 언어가 무엇인지 알아야 한다.

내가 잘 아는 한국과 영국의 CEO 그룹 부부들을 만나서 부부간의 사랑의 언어가 무엇인지 게임을 한 적이 있다. 20~30년 이상을 같이 산 부부들인데도, 배우자가 가장 좋아하는 사랑의 언어가 뭐냐 물었을 때 서로 다른 대답을 한 부부가 절반이 넘었다.

사자와 소의 슬픈 사랑이야기도 마찬가지이다. 사자는 사랑하는 소에게 자기가 가장 소중하게 여기는 고기를 주었지만, 소는 고기가 너무 싫었다. 소는 이에 질세라 사자에게 자기가 좋아하는 풀로 사랑을 전했으나, 사자는 풀이 너무나 역겨웠다. 결국 사자와 소는 서로 사랑하면서도, 상대방이 진짜 좋아하는 첫 번째 사랑의 언어를 몰라 헤어지고 말았다.

여러분은 늘 고객 감동을 이야기하는데, 그만큼 아내의 감동도 생각해 본 적이 있는가? 회사에서 고객 감동을 생각하는 만큼, 아내의 감동을 생각한다면 놀라운 일이 일어날 것이다.

나의 보스는 최고의 감동을 주는 '이벤트의 여왕'이라 생각한다.

우리 부부는 47년간 생일날엔 항상 생일카드와 선물을 빠트리지 않고 해왔다. 어느 해에 나는 너무 바빠서 아내를 위한 생일카드를 사지 못했는데, 집에 돌아와 얼른 종이와 풀을 꺼내 카드를 만들어 주었다.

아내는 여태까지 내가 준 그 많은 예쁜 카드 중에서 보잘것 없지만 내가 직접 만든 카드를 가장 소중히 간직하고 있다. 아내가 기획한 카드 경연대회에서 당당히 금상을 받은 카드가 되었다.

언젠가 내 생일엔 멋진 넥타이를 선물 받았는데, 선물이 하나 더 있다 하였다. 그러더니 내 앞에 어린 소녀같이 손을 모으고 서서는 노래를 불렀다. 두 달간 연습했다는 가수 거미의 '죽어도 사랑해'란 노래를 선물로 받은 것이다.

'어떤 일이 있어도 너란 사람. 나를 항상 믿어 주기를 …
세상 끝에 있어도 너란 사람. 나를 찾을 때까지 걸어와 주기를 …
더 바랄 게 없는 걸 갖고 싶은 게 없는걸 …
난 너만 있으면 좋아.'

정말 어떤 선물보다 가슴이 찡하고 너무 좋더군요.

이렇게 큰돈 들이지 않고도 큰 기쁨 주는 이벤트는 많은 것 같다. 예쁜 종이만 있으면 '사랑한다', '고맙다' 써서 남편의 바지 호주머니, 와이셔츠 포켓에 넣어준다. 출근해서 우연히 그 사랑의 쪽지를 만나면 슬그머니 미소가 나오고, 어깨에 날개가 달리게 되겠지요.

내가 잘 아는 대기업의 김 부사장 부부가 어느 날 사소한 문제로 다툰 후 서로 말을 안 했다. 그날 퇴근을 하니 아내가 퇴근 후 남편의 동선을 따라, 대문앞, 손씻는 화장실, 냉장고, 텔레비전 앞에 '미안하다, 사랑한다, 고맙다'라는 쪽지를 붙여 놓았단다. 얼마나 우스운지 슬그머니 아내가 귀여워졌단다.

이렇게 세상에서 가장 신기한 것이 부부생활이다. 거꾸로, 가장 무미건조한 것도 부부생활이 될 수 있다.

힘들고 어려운 우리네 삶 속에서 사랑의 쪽지를 주머니 속에 넣어줄 수 있는 사랑의 대상이 있다는 것은 소중하게 간직해야 할 행복이다.

06

'칭찬 가득한 세상'
만드는 손목밴드

사람의 뇌세포는 98%가 말의 지배를 받는다고 한다.

놀랍게도 사람의 무의식은 자신의 말을 사실 그대로 받아들이고 이를 이루기 위해 뇌세포 매커니즘을 가동한다는 것이다. 말이 바로 현실로 옮겨지게 된다는 얘기이다.

그런데 우리는 생활 속에서 자신도 모르는 사이에 너무나 부정적인 말들을 많이 하게 된다. 이것이 바로 습관이 되고 자신의 품격과 운명을 결정하게 되는 것이다.

Complaint Free World, 불평 없는 세상!

작년 12월 어느 날, 내가 다니고 있는 교회에서 Complaint Free World라고 새겨진 보라색 손목밴드를 하나 선물 받았다. 불평 없는 세상을 만들기 위해 추진하고 있는 캠페인이었다. 밴드를 사용하는 방법은 자신이 불평불만을 할 때마다 밴드를 다른 반대쪽 손목으로 옮겨 차면 된다.

이 밴드를 사용하게 되면 다음과 같은 4단계의 변화를 거치게 된다.

1단계에서는 자신도 모르게 불평을 하고, 밴드를 자주 옮기게 되는 것을 깨닫게 된다.

2단계는 의식하기는 하나 불평을 계속하는 단계이며,

3단계는 자기자신을 되돌아보며 의식적으로 불평하지 않는 단계이다.

4단계는 불평하지 않는 것이 습관이 되어 무의식 중에도 불평을 하지 않는 놀라운 변화가 일어나게 된다.

Praise Full World, 칭찬 가득한 세상!

불평 없는 세상을 만드는 밴드를 사용하면서부터 나는 불평을 없애는 것도 중요하지만 여기에 가치를 더해서 세상에 칭찬이 가득해진다면 얼마나 좋을까 하는 또 다른 생각이 들었다. 그래서 부정적인 언어를 없애는 것도 좋지만, 긍정적인 언어를 많이 쓰면 더욱 좋겠다는 생각에서 Praise Full World, 칭찬 가득한 세상이라는 새로운 밴드를 만들게 되었다.

유럽 전역을 누빈 황제 나폴레옹은 아부와 칭찬받기를 무척 싫어하는 것으로 유명했다고 한다. 그런 그에게 어느 날 부하 한 명이 이렇게 말했다. 저는 각하를 매우 존경합니다. 그것은 칭찬을 싫어하는 각하의 성품이 마음에 들었기 때문입니다. 그런데 칭찬을 싫어하던 나폴레옹마저도 이 말을 듣고 매우 흐뭇해 했다고 한다. 나폴레옹 역시 칭찬에 약한 사람이었던 것이다.

칭찬이야말로 사람을 행복하게 하고, 힘이 나게 하는 묘약인 것 같다. 칭찬 가득한 세상을 만드는 밴드도 불평 없는 세상을 만드는 밴드와 마찬가지로 칭찬을 할 때마다 밴드를 다른 손목으로 옮겨 놓으면 되고, 4단계의 변화를 거치면서 자신도 모르는 사이에 무의식적으로 칭찬을 많이 하는 사람이 된다.

나는 여러분이 이 시도를 성공하게 되더라도, 가능한 올해 1년 동안은 완전히 몸에 밸 수 있도록 일 년 내내 착용했으면 좋겠다. 밴드 중 한 가지를 선택하여 습관화된 다음에는 다른 시도를 하는 주변 동료와 바꾸어 착용해 보는 것도 좋을 것 같다. 그러면 불평은 줄어들고 칭찬은 가득한 사람이 될 수 있을 테니까요.

불평이 줄어들면 자신을 사랑하게 되는 것이며, 칭찬이 가득하면 남을 사랑하게 되는 것이다. 이러한 우리의 작은 날갯짓이 사랑이 가득한 세상까지 만들어 나가는 위대한 나비효과를 일으킬 수 있기를 간절히 기원한다.

07

존경받는 기업의 두 얼굴

(The Two Faces of a Respected Company)

GE 인터내셔널의 나니 베칼리(Beccalli) 사장은 GE가 8년 동안 '세계에서 가장 존경받는 기업'으로 꼽히는 이유를 묻는 질문에 "성장하고 있기 때문"이라고 답했다. 매우 인상적이었다.

베칼리 사장의 말처럼 존경받는 기업의 가장 큰 조건은 바로 성장이다. 과연 성장하지 못하는 기업이 존경받는 기업이 될 수 있겠는가? 성장의 진정한 의미는 '지속적인 성장(Sustainmable Grwoth)'에 있다. 단기간의 높은 성장보다 급변하는 경영 환경과 치열한 시장 경쟁 속에서 얼마나 꾸준히 성장했느냐의 문제이다.

이것이 바로 존경받는 기업의 첫번째 조건, '성장의 얼굴'이다.

또한 기업이 지속적인 성장을 거듭하기 위해서는 경영 전 부분의 끊임없는 혁신이 필수적이다. 혁신은 기업이 경쟁력을 갖게 하는 원천이다.

혁신을 통해 갖춰진 경쟁력은 기업의 지속적인 성장을 담보한다. 도요타의 TPM, GE의 6시그마, 삼성테스코의 TOWBID 등이 그것이다.

존경받는 기업의 두번째 조건은 사회 가치를 실현하는 기여의 얼굴이다. 이는 세계에서 가장 최고로 존경받는 기업을 선정하는 미국의 Fortune, 영국의 Financial Times, 홍콩의 Asia Business, 한국의 KMAC 등의 평가 기준에서도 나타난다. 이 기관들은 성장을 위한 경쟁력과 혁신 능력 외에도 기여를 통한 사회 가치 실현에 중점을 두어 평가하고 있다.

기업의 브랜드 가치는 성장을 나타내는 시장 가치와 기여를 나타내는 사회 가치로 나뉜다. 존경 받는 기업이 되기 위해서는 저렴한 가격, 다양한 상품, 높은 품질, 최상의 서비스 등을 통해 시장 가치를 높여 나가는 것은 물론 정도 경영, 사회 공헌 활동, 경제산업 발전에의 기여, 종업원 보상 등의 사회 가치를 실현해야 한다.

사회 가치를 실현하는 요소 중에서 최근 가장 큰 이슈가 되고 있는 것이 사회 공헌 활동이다. 사회 공헌 활동은 비용이 아닌 투자이며, 일시적이 아니라 지속적 이어야 하며, 소수가 아닌 모두가 참여하는 풀뿌리 운동이어야 한다고 생각한다. 각 기업이 어떤 사회

공헌 활동을 전개할 것인가는 각 기업의 업의 개념과 특성에 맞게 핵심 역량을 가진 쪽으로 집중해야 한다.

사회 공헌 활동도 시장에서와 마찬가지로 경쟁력을 갖춰야 하기 때문이다.

나는 기업이 이익을 추구함에 있어 사회적으로 허용될 수 있는 한계점, 사회적 방아쇠(Social Trigger Point)가 있다고 본다.

이 한계를 넘어서 이익을 추구하면 사회적 저항이 생길 수 있다. 때문에 이 한계를 넘어선 이익은 가격 투자 등 고객에게 혜택을 돌리거나 사회에 환원해야 한다고 생각한다. 그렇게 되면 고객과 사회로부터 사랑받는 기업으로 브랜드 가치도 상승하게 되어 자연스럽게 성장에 가속이 더해지는 경영의 선순환 구조를 이루어낼 수 있다.

존경 받는 기업은 성장의 얼굴과 기여의 얼굴, 두 얼굴을 갖고 있다. 이제 기업도 자신의 얼굴에 책임을 져야 할 때이다.

08

행복의 집을 짓는
사랑의 다섯 기둥

부부란 무엇일가.

'사랑이 아니라 의리로 뭉친 사이'라는 우스게소리부터 '카드 할부금 평생 함께 갚아 나가는 사이', '맨날 밥상에 오르는 김치처럼 소중함을 잘 모르는 관계', '누군지 알아보려고 만났다가 끝내 알지 못하고 무덤으로 헤어지는 것'이라는 슬픈 정의까지 참으로 다양하다. 내가 가장 좋아하는 부부의 정의는 '존경과 배려를 특별한 이름으로 호칭하는 관계'이다.

언젠가 테스코 13개국 CEO 부부들이 모인 자리에서 퀴즈를 낸 적이 있다. 게리 체프만의《사랑의 다섯가지 언어》에 대해 설명하고 사랑의 기둥에 대해 설명하고 각자의 배우자가 가장 좋아하는 것을 맞추어 보라고 했는데 놀랍게도 거의 대부분이 일치하지 않았다. D 회장과 P 아내도 등을 맞대고 배우자의 첫번째 사랑의 언어를 맞추는 게임을 했다. D 회장은 아내의 첫번째 사랑의 언어가 스킨십이라고 딱 맞추었다. 그러나 P 아내는 D 회장의 첫번째 사랑의 언어가 스킨십이라고 말했으나 실제로 D 회장의 첫번째 사랑의 언어는 인정하는 말이였다. 결혼생활의 연수가 꽤 오랜 부부인데도 배우자가 좋아하는 사랑의 언어를 모른다는 사실에 그들은 씁쓸하게 웃었다.

사회의 가장 기본 단위는 가정이고 이 가정을 이루는 주인공은 부부이다. '수신제가 치국평천하'라는 말을 인용하지 않더라도 가정의 행복이 우리의 풍요로운 삶을 위해 얼마나 중요한 바탕이 되는가에 대해서는 새삼 강조할 필요가 없을 것이다.

게리 체프만의 《사랑의 다섯가지 언어》에서는 평생을 함께하기로 한 부부가 서로를 이해하고 행복의 집을 지으려면 다섯 개의 기둥이 필요하다고 말한다. 다섯 개의 기둥으로 단단히 받쳐진 집은 어떠한 바람에도 흔들리지 않는다.

첫 번째 기둥은 존중이다.
이는 배우자를 충분히 인정해 주라는 말과 같다. 인정은 결국 칭찬이 되어 고래도 춤추게 하는 힘을 갖는다. 작은 것에도 감탄하고 상대의 능력을 대단하게 여겨주면 서로가 서로에게 더 소중한 존재로 인식되어 간다.

두 번째 기둥은 함께 하기입니다.

때로는 같은 공간에 있어 주는 것만으로도 큰 힘이 되는 사이가 부부이다. 다른 사람에게는 하찮은 일같이 보여도 그 부부에게는 함께 한 모든 것이 추억이 되고 부부가 평생을 살아가는 재미이고 활력소가 된다.

세 번째는 기둥은 배우자에게 선물을 하자.

작고 사소한 것이라도 선물이라는 이름으로 자주 배우자에게 전하는 버릇을 가져야 한다. 의외로 부부는 서로의 작은 선물에 큰 감동을 받는 일이 많다. 크건 작건 선물은 사랑을 표현하는 상징이 된다.

네 번째 기둥은 서비스, 섬김이라고 부르는 기둥이다.

배우자가 좋아하는 음식을 준비하고, 하루 일과를 마치고 나서 서로 안마를 해주고, 생일날은 안마쿠폰을 발행하는 등 배우자를 위해 자신이 봉사할 수 있는 일을 찾는 것이다. 어느 부부는 서비스를 하나 해줄 때마다 마일리지 포인트를 적립해 준다고 한다. 집안 청소는 20마일리지, 설거지는 10마일리지, 뭐 이런 식으로 말이다. 그리고 서로가 원하는 서비스를 받을 때 마일리지를 차감한다고 한다. 참 즐겁게 사는 부부라는 생각이 들었다.

마지막 다섯 번째 기둥은 스킨십이다.

서로 안아주고 손잡아주고 팔짱 끼고, 이러한 작은 신체적 접촉이 서로에게 친밀감을 가져다 준다. 부부 생활의 두 축은 역할과 친밀감이데 결혼의 연수가 지나 갈수록 친밀감은 점점 사라지고 역할만 남는다고 한다. 역할만 남은 부부생활은 비극이다. 서로의 따스함을 마음을 전하는 스킨십을 잊지 말아야 한다.

이렇게 행복의 집을 지을 다섯가지 기둥을 준비했다면 이 기둥들의 위치를 정해야 한다. 즉 배우자가 가장 좋아하는 사랑의 기둥이 무엇인지를 알아야 한다는 것이다. 남편은 아무 것도 하지 않고 아내와 시간을 보내는 것을 좋아하는데 아내는 자꾸 밥상을 차려 놓고 음식솜씨에 대한 칭찬을 받고 싶어 한다면 기껏 마련한 기둥이 제대로 세워지지 못할 것이다.

오늘 저녁, 행복의 집을 지을 기둥을 부부 함께 골라보자. 맨 앞에 놓을 기둥은 무엇인지 서로가 가장 아끼는 사랑의 언어는 무엇인지 물어보고 익히자. 그리고 노력하자. 사랑도 행복도 노력하는 이들에게 더 빨리 찾아온다.

6장

멀리 보는
시선

터널의 끝은 있는 법이다.
무슨 일이든지 멀리 보는 시선,
긍정의 눈으로 보면 풀리지 않는 일이 없다.
헬렌켈러는 강인한 의지와 '멀리 보는 시선으로
"눈이 있어도 비전을 보지 못하면 장님과 같다'는 명언을 남기며
육체는 불행하지만 영혼은 행복한 인생을 살다 갔다.
숲속의 두 갈래 길에서 나는 사람이 덜 밟은 길를 택해
내 운명을 축복의 길로 이끌었다.

The road not taken

_____ Robert Frost

TWO roads diverged in a yellow wood,

And sorry I could not travel both

And be one traveler, long I stood

And looked down one as far as I could

To where it bent in the undergrowth;

Then took the other, as just as fair,

And having perhaps the better claim,

Because it was grassy and wanted wear;

Though as for that the passing there

Had worn them really about the same,

And both that morning equally lay

In leaves no step had trodden black.

Oh, I kept the first for another day!

Yet knowing how way leads on to way,

I doubted if I should ever come back.

I shall be telling this with a sigh

Somewhere ages and ages hence:

Two roads diverged in a wood, and I—

I took the one less traveled by,

And that has made all the difference

가지 않은 길

단풍 든 숲 속에 두 갈래 길이 있더군요.

몸이 하나니 두 길을 다 가 볼 수는 없어

나는 서운한 마음으로 한참 서서

잣나무 숲속으로 접어든 한쪽 길을

끝 간 데까지 바라보았습니다.

그러다가 또 하나의 길을 택했습니다. 먼저 길과 똑같이 아름답고,

아마 더 나은 듯도 했지요.

풀이 더 무성하고 사람을 부르는 듯했으니까요.

사람이 밟은 흔적은

먼저 길과 비슷하기는 했지만,

서리 내린 낙엽 위에는 아무 발자국도 없고

두 길은 그날 아침 똑같이 놓여 있었습니다.

아, 먼저 길은 한번 가면 어떤지 알고 있으니

다시 보기 어려우리라 여기면서도.

오랜 세월이 흐른 다음

나는 한숨 지으며 이야기 하겠지요.

"두 갈래 길이 숲속으로 나 있었다, 그래서 나는 -

사람이 덜 밟은 길을 택했고,

그것이 내 운명을 바꾸어 놓았다"라고

01

은혜는 겨울철에
가장 많이 자란다

    인생은 살면 살수록 뜻하지 않은 일들이 찾아오곤 한다. 그 모습은 따스한 축복일 때도 가슴 시린 고통일 때도 있다. 고통의 시간이 짧을 수도 있지만 때로는 길고 어두운 터널일 수도 있다. 오늘은 세상을 살면서 감내하기 어려운 고통을 축복으로 극복한 사람들의 이야기를 해보고자 한다.

    우리가 잘 알고 있는 헬렌 켈러는 생후 19개월 때 중병에 걸려서 장님, 벙어리, 귀머거리의 3중 불구자가 되었다. 6살까지 세상과 차단된 생활을 하며 아무런 교육도 받지 못하고 손으로 음식을 먹고 단지 우는 것과 소리 지르는 것으로 의사를 표현하는 너무나 불쌍한 소녀였다. 그랬던 그녀를 바꾸어준 사람은 앤 설리번 선생님이다.

설리번 선생은 삼중고의 소녀에게 단 하나 남아있는 인식의 창구인 촉각을 통해 암흑의 세계로부터 세상 속으로 끌어내었다. 그후 헬렌은 맹농아 최초로 하버드 대학을 졸업하였으며 평생을 불우한 사람을 돕는 사회 사업에 헌신하였다.

강인한 의지와 긍정적인 사고로 최악의 운명을 축복으로 바꾸고 자기보다 불행한 사람에게 진정한 인간 사랑을 실천한 기적의 사람이다. 헬렌 켈러는 "눈이 있어도 보지 못하면 장님과 같다"라는 명언을 남기며 육체는 불행하지만 영혼은 행복한 인생을 살다 갔다.

미국 32대 대통령인 프랭클린 루스벨트 대통령은 뉴딜정책으로 대공황을 이겨냈고 2차 세계대전에 참전해 승전을 주도하는 등 탁월한 리더십으로 미국민에게 믿음과 희망을 준 대통령으로 평가받고 있지만 그런 그가 소아마비 장애인으로 휠체어에 의지했던 사람이었다는 것을 알고 있는 사람은 그리 많지 않은 것 같다. 그는 39세 때 뉴욕주 지사에 출마하려고 준비하던 중 갑자기 소아마비에 걸렸는데, 젊고 촉망 받는 정치인이 갑자기 장애를 입었을 때 얼마나 낙심했겠는가?

당시 그는 상심한 나머지 아내인 엘리노어 루스벨트에게 다리를 쓸 수 없게 됐으니 자기를 떠나도 좋다고 하자, 엘리노어는 "내가 사랑한 것은 당신의 다리가 아니라 당신의 영혼입니다"라고 말하며 루스벨트가 더욱 위대한 리더가 될 수 있도록 힘을 실어 주었다.

소아마비의 엄청난 통증이 그는 물론 두 부부의 사랑을 더욱 강하게 만들어 훌륭한 업적을 이룩할 수 있었는지 모르겠다.

영국 역사에서 가장 존귀한 왕으로 꼽히는 알프래드 대왕 또한 그런 경우이다. 우리에게 생소한 이름이지만 알프래드 대왕은 지금부터 1,000년 전인 9세기초 기사군 편성 등의 뛰어난 군사력을 바탕으로 첫 잉글랜드 통일 국가를 설립하여 그 이후 1,000년 동안 영국의 세계를 향한 영향력의 기초를 세운 인물이다. 영어를 세계 통용어로 만든 장본인이다. 행정조직 재구성, 학문과 교육 장려 정책 등으로 문화를 부흥시켰으며, 가는 곳마다 기독교 성전을 세우고 백성들에게 복지정책을 베풀어 나중에는 바이킹들까지 싸우지도 않고 싸우기 전에 우리 종족을 당신의 귀한 지도력으로 다스려달라고 백기를 들고 나왔다고 한다.

알프래드 대왕이 그토록 존경받는 왕이 될 수 있었던 것은 그의 삶에 불어닥친 역경 때문이었다. 결혼식 날 이름조차 알 수 없는 희귀한 병이 발작을 일으켜 평생 그 병으로 고통 받았는데 알프래드 대왕은 그 희귀병을 극복해가며 강한 의지로 통일의 대업을 달성하고 위대한 국가를 이루어 냈다.

세종대왕 역시 수많은 업적만큼 고난의 시절이 많은 위인이다. 세종실록에 따르면 눈병이 심해 10년이 지나도록 낫지 않자 세자에게 왕위를 물려주고자 했으나 신하들의 반대로 세종 23년에는 지팡이를 짚고 거의 시각 장애인 상태로 정사를 돌본 것으로 전해진다.

훈민정음을 창제한 것이 그보다 2년 뒤인 25년(1443년)이었고 반포는 그보다 3년 뒤였으니, 그동안 세종대왕이 얼마나 고통을 감내하였을지 미루어 짐작할 수 있다.

게다가 소갈증과 심한 욕창으로 하루도 편한 날 없이 지냈다고 한다. 그런 와중에도 세종은 항상 나랏말이 없어 뜻이 잘 통하지 않는 굶주린 백성 걱정만을 했다고 하니 세종대왕의 그 위대함이 더욱 빛이 난다.

천재 작곡가인 베토벤도 30대 초반부터 귀가 서서히 멀게 되어 마침내 자신이 작곡한 곡조차 들을 수 없는 처지에 이르렀다. 그러나 그는 오히려 귀가 멀은 후에 더욱 작곡에만 몰두하였고 〈운명〉, 〈합창〉 등의 불후의 명작들을 탄생시켰다.

음악가에게 가장 치명적인 청각 장애인이었음에도 불구하고 작곡생활을 계속 했던 그의 불굴의 정신력이 베토벤을 동서고금을 통틀어 모두가 세계 최고의 음악가로 인정하도록 만들어준 것이다.

세계적인 물리학자 스티븐 호킹 박사 역시 '루게릭병'이라는 드문 병을 앓아 몸무게 40㎏에 손가락 두 개만 움직일 수 있어 그 어려운 물리학 계산을 암산으로 해야 하는 지체 장애인이지만 '특이점 정리', '블랙홀 증발', '양자우주론' 등 혁명적 이론을 제시하며 아인슈타인에 버금가는 물리학자로 평가 받고 있다.

그는 "몸의 거동이 불편하니까 별달리 할 것이 없어 물리학에 연관된 생각을 많이 했다"며 오히려 발병이 연구에 매진하는 계기가 되었다고 말하는 위기를 기회로 만든 대표적인 사람이다.

'은혜는 겨울철에 가장 많이 자란다(Grace grows best in winter)'는 말이 있다. 고난을 겪으면서 오히려 강한 극복의 의지가 생겨나고 오로지 자기가 할 수 있는 한 가지 일에 몰두하게 되어 그 누구도 따라올 수 없는 경지와 값진 열매를 만들어낸다. 더 나아가 사람을 이해하는 폭이 넓어지고 삶을 더욱 사랑하게 된다.

나도 인생의 여정에서 너무나도 소중한 아들 성주를 하늘나라로 보내고 그 일로 사랑하는 아내가 위암으로 투병하는 어둡고 긴 터널을 보냈다. 고난을 겪어본 사람만이 고난을 겪는 사람을 이해할 수 있다는 말이 있다. 그 고난을 겪으면서 세상을 보는 눈이 달라졌고 진정한 삶의 가치가 무엇인지 다시금 생각하였으며 분명 그 힘든 터널의 끝도 보았다.

만일 여러분이 시련의 시기를 보내고 있다고 생각된다면 삶의 가치를 더할 수 있는 선물을 받았다 생각하기 바란다.

02

가족의 아이덴터티(FI)를
만드십시오

내가 영국에 가게 되면 종종 들리는 작은 액세서리 숍이 있다. 비싼 명품 브랜드는 아니고 보기 드문 스타일의 반지 등을 파는 수공예 숍이다. 내가 그 곳을 좋아하는 이유는 그만의 독특한 개성이 있기 때문이다.

여러분도 즐겨 마시는 커피, 즐겨 찾는 패션 브랜드, 즐겨 찾는 곳이 다 있을 것이다. 여러분은 그 제품이나 그 장소들을 왜 좋아할까? 아마도 다른 데와 특별히 다른 맛, 느낌, 분위기가 있기 때문일 것이다. 이것이 바로 '아이덴티티'(Identity)이다.

나는 아이덴티티가 브랜드 이미지를 결정하고 경쟁력을 만들어 낸다고 생각한다. 기업(Corporate Identity)도 점포(Store Identity)도 가족(Family Identity)이나 개인(Personal Identity) 등 모든 것에서 각자의 독특한 컬러, 정체성이 있어야 한다.

나는 우리 회사를 창립할 초기부터 홈플러스만의 차별화된 아이덴티티를 어떻게 구축할까 고심했다. 점포라는 Hard적인 건물에 어떻게 고객경영철학을 심어 넣을 수 있을까 고민했다. 생각 끝에 영국의 국회의사당인 빅 벤(Big Ben)을 연상하게 됐는데, 빅 벤은 국민의 의사를 대변하는 영국의 국회의사당이다. 마찬가지로 우리 점포에도 고객의 의사를 수용해서 경영에 반영하는 고객의회라는 개념의 상징인 시계탑을 만들었고, 홈플러스만의 독특한 외관의 점포 아이덴티티(S.I)가 되었다.

이러한 고객의회 개념을 실현하기 위해서 수많은 고객조사를 통해 상품 판매 뿐 아니라 고객이 진정으로 원하는 생활서비스를 제공하는 가치점(Value Store)을 개발하게 되었고 이것이 바로 브랜드 아이덴티티(B.I)로 발전하게 되었다.

그 이후 다른 모든 할인점 업체들이 홈플러스의 가치점 개념을 그대로 카피하였고, 홈플러스가 유통 산업의 수준을 선진국 이상으로 끌어올리는 견인차 역할을 한 셈이다. 이는 홈플러스만의 차별화된 아이덴티티가 있었기에 가능했다고 생각한다.

우리 회사 내부로 들어오면 여느 기업과 다른 아이덴티티가 있다. 우리 회사를 다녀간 사람들이 공통적으로 느꼈다며 꼭 하는 이야기 중 하나인데 다국적기업이면서 한국적인 분위기를 갖고 있는 글로컬(Glocal) 문화, 다이나믹하고 활기찬 신바레이션 문화, 프로 문화, 고객중시문화 등은 우리 회사만의 차별화된 기업 아이덴티티(C.I)이다.

세상에는 많은 아이덴티티가 존재하지만, 특별히 나는 여러분께 패밀리 아이덴티티(F.I)를 강조하고 싶다. 가족은 우리에게 힘을 주는 에너지의 원천이며, 일의 성공만큼 가정의 행복도 중요하기 때문이다.

여러분은 중산층이 무엇이라고 생각하는지요?

일반적으로 소득이 평균 수준 이상 되는 가정이라고 생각하죠? 그러나 진정한 중산층은 소득만 중간 수준이 아니라 우리 집만의 가훈이 있다든지, 우리 가족이 좋아하는 음식, 음악, 색깔, 우리 집만의 사회 봉사 활동 등 그 가족만의 아이덴티티가 있어야 한다.

우리 집의 경우에는 부친시절부터 내려오는 가훈으로 모든 일에 후회 없이 최선을 다하라는 진인사대천명(盡人事待天命), 덕이 있는 사람은 외롭지 않다는 덕 불고 필유린(德不孤必有隣)이 있다. 우리 가족이 좋아하는 컬러는 Natural Wood 컬러, 좋아하는 음악은 Easy Classic 장르지만 때로는 분위기에 따라 모든 장르를 좋아하고, 집사람과 함께 활동하는 커뮤니티인 교회 목장모임과 독거노인, 휠체어 장애우 후원 등 풀뿌리 나눔 활동도 하고 있다.

나는 우리 가족의 아이덴티티(F.I)를 리리미 가족이라 정했다. 리리미 가족이란 항상 신혼처럼 생활하는 병아리 가족, 취미를 함께 하는 동아리 가족, 봉사하는 도우미 가족의 끝 글자를 딴 것이다.

가족 아이덴티티(F.I)를 만드는 것은 가족 문화를 창조하는 일이다. 가족의 개성을 표현하는 것 일뿐 아니라 가족간에 서로 챙겨주고 사랑을 키우는 좋은 기회가 될 것이다.

가족들이 의논해 가훈을 만든다든지 함께 봉사활동을 한다든지 서로에게 편지쓰기, 가족회의를 하면서 미래 계획을 세운다든지 하면서 여러분만의 가족 아이덴티티(F.I)를 만드는 계획을 세워보면 어떨까?

03

긍정의 구두코

행복하지 못하다고 생각하는 한 사람이 있었다. 상사에게는 늘 야단만 맞고, 부인은 매일 잔소리만 하고, 사는 것도 재미없었다. 그는 행복의 나라로 가기로 결심한다.

어디인지는 모르겠지만, 걷고 또 걸어 행복의 나라로 가고 있었다. 그런데 장난꾸러기 요정이 그가 잠든 사이, 구두 코를 반대 방향으로 돌려 놓았다. 아침에 일어나 구두 코가 향한 대로 다시 걸어간 그는 행복의 나라에 도착하였다.

그곳은 바로 자신의 집이었다. 그 나라에는 아침에 갈 직장도 있고, 곁을 지켜주는 아내가 있었다. 그는 행복의 나라에서 행복하게 잘 살았다.

행복의 조건은 세 가지라고 한다. 사랑하는 사람, 내일의 희망, 그리고 내가 할 수 있는 일이다.

혹시라도 자신이 행복하지 않다고 느끼신다면, 구두 코 방향을 반대로 돌려놓아 보시오. 부정적 생각에서 긍정적 생각으로 구두 코를 돌려 놓으면 누구나 달라진 인생을 경험할 수 있다.

〈예스맨〉이라는 영화를 본 적 있나요?

삶을 재미없고 지루하게 느끼는 대출회사 직원 칼은 늘 NO라는 말을 입에 달고 산다. 이런 부정적인 성격 탓에 아름다운 아내와도 이혼하고, 친구들은 곁을 떠나기 직전이고, 친한 직장 동료도 하나 제대로 없었다.

그러던 어느 날, 죽은 자신을 두고 아무도 슬퍼하지 않는 악몽을 꾸게 되고, 예스맨, 말하자면 Yes, I can! 프로젝트에 동참하게 된다.

처음에는 무대책 Yes로 인해 좌충우돌 꼬이고 힘든 일도 많았지만, 결국 Yes 라는 사람들의 마음을 여는 첫 번째 언어로 스스로 자신감을 회복하고, 사랑도 찾고, 친구도 얻고, 승진도 하는 새로운 인생길을 열어주었다.

실제 이 영화는 예스맨 프로젝트에 참여하면서 인생이 달라진 시나리오 원작자의 이야기를 모티브로 했다고 한다.

나도 지나온 인생을 되돌아보니, Yes, I can라는 말을 많이 썼던 것 같다. 내가 인생의 수많은 역경을 이겨낼 수 있었던 이유, 바로 이 말 때문이 아닌가 한다. Yes, I can이라는 긍정적인 생각이 정말 꿈을 이루고 삶을 바꾸는 원동력이 되어준 것이다.

생각이 산에 있으면 산으로 올라가고, 생각이 강에 있으면 고기를 잡는다고 하였다. 자신의 생각에 따라 인생이 180도 달라질 수 있다는 얘기이다.

3퍼센트의 소금이 바닷물을 썩지 않게 하듯이, 긍정적으로 생각하려는 작은 노력이 인생의 바다 역시 썩지 않게 만들어 줄 것이다.

마음 속에 긍정의 씨앗을 뿌리자. 소중한 가정의 행복도, 세계 최고를 향한 여러분의 꿈도 모두 이루어 질 것이다.

04

멈춰서지 않는
인생시계

　지금 우리는 100세를 산다는 센터내리언(centenarian) 시대에 진입하고 있다. 인생 100년을 24시간의 시계로 본다면 나는 지금 몇 시에 해당될까?

　우리나라의 시각장애인 1호 박사인 강영우의 삶을 인생시계로 바라보았다.

　새벽 4시 (14세). 축구공에 맞아 실명한 후 강영우 박사는 부모님을 모두 잃고 고아원에서 자라게 된다. 하지만 꿈이 원대했던 그는 포기하지 않았다.

　아침 9시 (33세). 시각장애인으로는 최초로 한국 정부에서 선발한 미국 유학생이 되었고, 일반인보다 훨씬 빠른 시간 내에 교육학 석사, 심리학 석사, 교육전공 철학 박사 학위까지 취득한다.

오후 1시 (57세). 미국 백악관의 정책 차관보를 지낸다. 고아원에서 자랐던 그가 미국 백악관 정책 차관보가 될 수 있었던 것은 꿈의 크기가 남달랐고, 나이가 들어서도 그 꿈을 결코 포기하지 않았기 때문이다.

오후 6시 (65세). 국제 로터리 인권상을 수상하는 영예를 안게 된다.

오후 7시 (68세). 강영우 박사는 인생시계 오후 7시에 하늘나라에 옮겨갔다. 그의 인생시계는 오후 7시에 멈추어 섰지만, 그가 남긴 아내에 대한 사랑의 시계는 아직도 뛰고 있다.

사랑하는 아내에게

당신을 처음 만난 게 벌써 50년 전입니다.

햇살보다 더 반짝반짝 빛나고 있던 예쁜 여대생 누나의 모습을 난 아직도 기억합니다. 손을 번쩍 들고 나를 바래다 주겠다고 나서던 당돌한 여대생, 당신은 하나님께서 나에게 보내주신 날개 없는 천사였습니다.

지난 40년간 늘 나를 위로해주던 당신에게 난 오늘도 이렇게 위로를 받고 있습니다. 미안합니다. 더 오래 함께 해주지 못해서 미안합니다. 내가 떠난 후 당신의 외로움과 슬픔을 함께 해주지 못할 것이라서······

나의 어둠을 밝혀주는 촛불.

사랑합니다. 사랑합니다. 사랑합니다.

그리고 고마웠습니다.

(아내에게 남긴 마지막 편지 中에서)

도스토엡스키는 카라마조프의 형제들, 죄와 벌 등 수많은 작품들을 발표하며 톨스토이에 비견되는 세계적 문호이다.

그는 28세에 사형수의 몸이 되었고, 그에게는 최후의 5분이 주어졌다. 28년을 살아오면서 그에게 5분이 이처럼 절실하게 느껴지기는 처음이었다. 5분을 어떻게 쓸까? 가족들을 생각하는데 2분, 오늘까지 자신의 살아온 생활을 정리해보는데 2분, 나머지 1분은 대지를, 그리고 자연을 둘러보는 데 쓰기로 작정했다.

마음속에 고인 눈물을 삼키면서 작별인사를 하고, 자신에 대하여 돌이켜 보려는 순간 '3분 후면 내 인생도 끝이구나'하는 생각이 들자 갑자기 아무 생각이 나지 않았다.

지난 28년이란 시간을 뜻있게 쓰지 못하고 그냥 그렇게 쓰지 못한 것이 몹시 후회되었다.

'다시 한번 더 살 수 있다면 순간순간을 소중하게 쓰련만. 이제 죽었구나'하는 순간 그는 황제의 특사로 징역형으로 감형되어 기적적으로 살아났다. 그는 그때 깨달은 '시간의 소중함'을 평생 잊을 수가 없었다.

잔잔한 바다는 노련한 사공을 만들 수 없다. 아주 잔잔한 바다에서는 제 아무리 열심히 노를 저어도 노련한 사공이 될 수 없다. 거친 파도 속에서 노를 저어가는 법, 암초를 헤쳐 나가는 법, 폭풍 속에서도 살아남는 법 등을 익혀야 비로소 노련한 사공으로 성장한다. 성공은 삶의 지경을 넓혀주지만 역경은 삶의 깊이를 더해 주게 된다.

지금 이 시간. 인생시계에서 제일 중요한 시간이다.

어떠한 역경이 오더라도 노력을 멈추지 않고, 어떠한 어려움이 오더라도 즐길 수 있는 시간을 가진다면 가치 있는 인생이 될 것이다.

나에게 주어진 일에 힘겨워할 게 아니라 주어진 일들을 즐겨 보라. 여러분이 언제 떠나더라도 멈춰서지 않는 인생시계를 만들어 나가길 바란다.

(저자의 저서,《청춘을 디자인하다》에서 발췌하고, 다시 쓰다)

05

스트레스 매니지먼트
(Stress Management)

사람들이 내게 많이 하는 질문 중 하나가 스트레스 관리를 어떻게 하느냐는 것이다. 분명 스트레스가 많은 사람일 텐데 항상 웃고 다니니 뭔가 특별한 비법이 있다고 느껴서일까. 스트레스를 물리치는 재밌는 이야기가 있다.

한 청년이 엄청난 스트레스를 견디다 못해 스승을 찾아간다. 숲속으로 청년을 데려간 스승은 갑자기 커다란 고목나무를 끌어안고 '고목나무야, 왜 날 붙잡고 놓아주질 않는 거냐!'며 흐느낀다.

청년은 어이가 없어 스승에게 말한다. '스승님께서 손을 놓으시면 되지, 왜 그렇게 끌어안고 계십니까?' 그러자 스승이 손을 놓으

며 말했다. '그래 이놈아, 바로 그거다. 네가 스트레스를 잡고 있었지, 스트레스가 널 붙잡았느냐?'

이렇게 스트레스는 자기 스스로 만들어내고, 자기 자신에게 수갑을 채우는 것이다. 욕심을 버리는 것, 바로 마음을 비우는 일이 스트레스의 수갑을 푸는 신비한 비법이다.

몰입을 하는 것도 스트레스를 풀어내는 좋은 방법이다. 내가 가지고 있는 특이한 몰입의 습관 중 하나는, 스트레스를 받으면 점포 도면을 보는 것입니다. 점포 도면을 가져다 쫙 펼쳐놓으면 옆에서 뭐라 해도 못들을 정도로 빠져 들어간다. 1층, 2층, 3층, 층마다 코너를 배치하고, 옮기기도 하면서도 도면 위에서 이런저런 게임을 하다 보면 얼마나 재미있는지 모른다. 눈을 감으면 도면 없이도 우리 점포의 모습이 하나하나 3D로 눈 앞에 펼쳐진다. 게임을 시작하는 것이다.

이렇게 몰두하다 보면 어느새 스트레스는 온데간데없이 사라진다. 베토벤의 음악을 듣고, 마티스의 그림을 보고, 프랑크 게리의 건축 디자인에 몰입해서 감탄하다 보면 역시 스트레스는 잊어버리게 된다. 여러분도 먼저 욕심을 버리고, 모든 것을 잊고 몰입하는 습관을 가져보기 바란다. 스트레스의 수갑은 여러분 스스로 풀 수 있다.

06

리더는 세상을 바꾸지만
팔로워는 리더를 바꾼다

"오케스트라는 많은 악기를 연주합니다. 그중에서 가장 지휘하기 어려운 연주자가 있다면 그는 누구입니까?" 세계적인 지휘자, 레너드 번스타인(Leonard Bernstein)이 협연을 마치고 가진 기자간담회에서 한 기자의 질문에 번스타인은 이렇게 대답했다.

"세컨드 바이올린 주자를 지휘하기가 가장 어려운 것 같습니다. 퍼스트 바이올린을 잘 연주하는 사람은 많습니다. 하지만 세컨드 바이올린 연주하는 사람 중에 퍼스트 바이올린 연주자와 똑같은 열정을 가지고 연주하는 사람은 찾아보기 어렵습니다. 누군가 열정과 혼을 가진 세컨드 연주자가 되지 않는다면 퍼스트 연주자의 음에 제대로 화음을 넣어 주지 못해 아름다운 음악을 만들 수 없을 것입니다."

　팔로워는 바로 세컨드 바이올린과 같다. 음을 리드하는 퍼스트 바이올린이나 피아노에 맞추어 나가되 앞서거나 튀지 않게 숨어서 보완하면서 조화를 만들어내는 역할을 해내야 한다.

　"리더는 세상을 바꾸지만 팔로워는 리더를 바꾼다." 훌륭한 리더의 주변에는 언제나 훌륭한 팔로워가 있었다. 탁월한 리더십 뒤에는 반드시 팔로워십이 존재한다. 이것이 팔로워십이 중요한 이유다. 뛰어난 스태프가 많다면 리더는 더 많은 성과를 낼 수 있다. 그만큼 팔로워의 역할이 중요한 것이다.

　만약에 리더 주변에 진정한 팔로워가 한 사람도 없다고 생각해보자. 아무리 뛰어난 리더라도 어떤 일을 수행하기가 무척 힘들고 어려울 것이다. 이러한 사실을 잘 알고 있던 아리스토텔레스는 "남을 따르는 법을 알지 못하는 자는 좋은 지도자가 될 수 없다"는 명언을 남겼다. 리더십 이상으로 팔로워십이 중요한 이유를 정확하게 지적한 잠언이다.

　세상에는 팔로워가 엉망이어서 리더가 망가지는 경우가 많다. 따라서 리더는 훌륭한 팔로워를 선택할 수 있는 선구안이 있어야 한다. 잘못된 팔로워는 자신과 기업, 국가를 망가뜨릴 수도 있기 때문이다.

　나는 3년간 22명의 대학생 멘티들에게 리더와 팔로워에 대해 많은 애기를 하고 있다. 멘티들에게 여러분은 리더가 되겠느냐 팔로워가 되겠느냐를 물었을 때 모두가 리더가 되겠다는 대답을 했다. 하지만 나는 그들에게 리더가 되기 전에 팔로워가 되어 보라고 애기한다. 훌륭한 팔로워가 되어야 훌륭한 리더가 되고 훌륭한 팔로워를 찾아낼 수 있는 안목을 가질 수 있기 때문이다.

　그렇다면 훌륭한 팔로워가 되기 위한 조건은 무엇일까?
　첫째, 훌륭한 팔로워는 능동적으로 행동한다. 멘티들은 팔로워라는 말을 들었을 때, 시키는 일만 하고 다른 일은 '나 몰라라'하는 수동적인 이미지가 떠오른다고 했다. 하지만 훌륭한 팔로워는 자신의 신념을 가지고 있으며 어떻게 따라갈 것인지 스스로 고민하고 행동한다.

　둘째, 훌륭한 팔로워는 아무나 따르지 않는다. 집단의 발전을 위해서 발 벗고 나서지만 가치와 윤리를 지키는 리더를 따른다. 반대로 리더가 비윤리적이고 비효율적이라면 리더의 결정에 충언도, 저항도 한다. 리더의 말이라면 무조건 따르고 리더의 눈에 들기 위해 그릇된 일을 하는 팔로워는 팔로워로서 자질이 없다고 봐야 한다.

셋째, 훌륭한 팔로워는 자기관리에 철저하다. 시간 관리, 체력 관리, 그리고 능력관리에 철저하다. 자신의 능력을 최대한으로 발휘할 수 있는 환경이나 조건을 스스로 만들어 나간다. 지속적인 자기계발과 훈련을 통해 팔로워의 역할을 성실하게 훈련받은 팔로워는 리더로 성장한다. 뛰어난 자기 관리 능력은 주요한 경쟁 수단이 될 수 있다.

마지막으로, 훌륭한 팔로워는 리더를 위해 헌신적이다. 자신의 집단에 대한 애정이 강하고, 리더와 조직을 위해서 헌신할 줄 안다. 어떤 일이 일어나든지 리더를 위해 용기있게 앞장선다. 이렇게 신뢰할만한 성품을 가진 훌륭한 팔로워는 훗날 반드시 훌륭한 리더로 성장한다.

조직 관리학을 연구한 카네기멜론스쿨의 켈리 교수는 팔로워를 나뭇잎에 비유했다. 나뭇잎은 나무의 일부인 동시에 나무 전체를 구성한다. 이처럼 팔로워 한 사람 한 사람은 개인이지만 조직 전체의 정신, 목적, 방향을 구체화하는 중요한 존재다.

정의롭고 바람직한 공동의 목표를 이루기 위해 생각이 다른 사람과도 함께 어울리고, 기꺼이 협력하고, 나의 목표와 공동체의 목표를 조화롭게 이룰 수 있는 훌륭한 팔로워가 나타나기를 기대해 본다.

리더는 세상을 바꾸지만, 팔로워는 리더를 바꿀 것이기 때문이다.

07

블루카피의 달인

    1970년 1월, 대학을 졸업하고 삼성그룹에 공채 11기로 입사했다. 든든한 배경 하나 없는 시골 출신이었지만 맡은 일에 최선을 다하면 성공의 길이 열릴 것이라 확신했다.

    석 달간의 수습 기간을 마친 후 발령이 난 곳은 제일모직의 원단을 판매하는 모직물과였다. 제일모직은 삼성물산의 '사관학교라 불릴 만큼 인재를 많이 양성하고 있었다.

    주위에서 다들 '좋은 직장에 들어갔다고 부러워했건만, 실상 내가 주로 담당한 일은 영업과는 거리가 먼 단순 복사 업무였다. 요즘의 복사기를 떠올리면 곤란하다. 그 시절에는 '블루카피 기계'가 최신식이었다. 복사지 한 장과 원본을 같이 넣으면 복사된 종이에 푸른색 물기가 축축하게 젖어 있어서 그런 이름이 붙었는데, 한 번에 한 장씩밖에 복사가 되지 않았다.

그 한 장 복사되는 데 걸리는 시간이 자그마치 1분가량이다. 스무 쪽이 넘는 서류를 열 사람 분량 복사한다고 치면 적어도 200분, 즉 세 시간 넘게 복사 기계를 붙들고 있어야 한다는 얘기가 된다. 성질 급한 사람은 그 앞에서 펄펄 뛰다 머리에서 김이 날 지경이었다.

"이승한 씨, 이거 복사 좀 해 와."
"이승한 씨, 이것도 좀 복사해 와."
어찌나 복사를 시켜대는지 거의 하루종일 복사 기계 앞에서 지낼 때가 많았다. 내가 겨우 복사 기계랑 같이 지내려고 그 어려운 입사 시험을 통과했나 싶은 생각이 들었다. 하지만 나는 얼마 지나지 않아 상사들로부터 '카피의 달인'이라는 칭찬을 듣게 되었다. 복사한 서류들의 순서가 뒤바뀌는 법이 절대 없고 종이 표면도 예술적으로 깨끗하게 말린다는 것이다. 복사를 잘 못하는 사람은 복사된 서류 중간을 빠뜨리거나, 순서를 뒤죽박죽 섞거나, 종이 표면을 주글주글하게 말리기도 했다. "자네, 어디서 복사 비법이라도 전수 받았나? 뭔가 다르단 말이야." 동료와 상사들이 이렇게 물었지만, 비결이라고 해봐야 인내심을 가지고 최선을 다한 것뿐이었다.

천하태평으로 복사되는 기계 앞에서 나의 영어 실력과 대학시절 학점을 떠올려서는 곤란했다. 촉촉하게 젖은 복사용지가 기계에서 나올 때마다 테이블 위에 조심스럽게 뉘어 널어놓고, 종이 표면이 고르게 마르면 스테이플러로 가지런히 정리했다. 복사 상태가 좋지 않으면 내용이 눈에 잘 들어오지 않을 수 있다고 생각하며 정성을 다했다.

사실 복사라는 게 굳이 대학을 나온 사람이 맡을 업무로는 여겨지지 않을 만큼 하찮아 보이기는 한다. 그러나 회의를 하거나 공식적인 기록을 남길 때 복사는 반드시 필요한 일이다. 회사의 전체적인 업무가 원활히 돌아가는 데 없어서는 안 될 일이기도 했다. 게다가 나는 회사에 소속된 최말단 직원이 아닌가. 그렇다면 업무 지원을 위해, 그리고 나에게 월급을 주는 회사를 위해 최선을 다하는 것이 너무도 당연한 일이었다. 하루 종일 복사만 하고 서 있어도 시간이 아깝다거나 그것이 하찮은 일이라는 생각은 털끝만큼도 들지 않았다. 요즘 유명한 '생활의 달인'이라는 TV 프로그램이 그때도 있었다면 나는 아마 '블루카피의 달인'으로 출연했을지도 모를 일이다.

"시장에 나가서 양복지 패턴에 대한 고객들의 반응을 조사해오게." 업무다운 업무를 하달 받은 것은 입사하고 여섯 달이 지나서의 일이었다. 그렇게 1년 반 동안의 치열한 신입 시절을 보낸 후 기획팀으로 옮겨가게 되었다. 나의 업무 태도와 노력을 높이 평가한 상사가 그룹에서 처음으로 시도하는 기성복 사업 기획팀에 나를 추천한 것이었다. 사업기획안 작성, 공장 건설, 제품 기획과 판매에까지 두루두루 참여할 수 있는 기회가 생겼다.

석유와 철강 사업으로 세계 굴지의 부호가 된 철강왕, 앤드루 카네기의 얘기를 잠깐 해볼까 한다. 그의 첫 직업은 보잘것없는 방적 회사 화부였다. 하지만 열두 살 소년 화부는 공장에서 제일가는 화부가 되겠다는 자세로 최선을 다해 일했고, 그 모습을 본 어떤 사람에 의해 우편배달부로 추천을 받았다.

'미국에서 제일가는 우편배달부가 되겠다'는 각오로 일하던 그는 동네 사람들 이름을 일일이 기억하며 배달한 덕분에 그 일대에서 유명 인사가 되었다. 그 다음에는 좀 더 창의성과 기술을 요하는 전신 기사로 채용되었고, 거기에서도 역시 최고가 되겠다는 자세로 노력한 결과 철강왕의 자리에까지 올랐다.

나는 지금 다시 신입사원 시절로 돌아간다 해도 주어진 일에 열과 성을 다할 것이다. 설사 장작을 패고 물을 길어오는 것처럼 단순하고 하찮아 보이는 일일지라도. 기회는 스스로 불태우는 사람에게 온다.

08

미지의 세계를 향해
나가는 졸업생들에게

졸업생 여러분

영광스러운 학사, 석사, 박사학위 취득을 진심으로 축하합니다.

졸업생 여러분들은 숙명의 문을 떠나는 이 순간부터 세상이라는 한 없이 넓고 큰 바다에서 새로운 항해를 시작합니다.

세상이라는 바다는 때로는 낭만적이지만, 때로는 험난합니다. 지금은 디지털 대전환과 코로나 바이러스의 거대한 변화의 태풍이 여러분의 항해를 가로 막고 암초에도 부딪치게 할 것입니다.

이런 미지의 세계로 항해를 떠나는 우리 졸업생들에게 저는 오늘 세 가지 당부를 드리고 싶습니다.

첫째, 긍정의 시선으로 변화를 바라보시기 바랍니다.

경험은 인생을 살아가는 데 있어 소중한 자산으로 쌓여가게 됩니다. 새로운 경험을 두려워하지 말고 긍정의 시선으로 세상을 바라보십시오. 실패가 두려워 아무것도 시도하지 않는 것보다는 무언가를 시작하는 것만으로도 이미 훌륭한 경험이 되고, 지식이 되며, 지혜가 쌓입니다. 실패해도 괜찮고 때로는 서툴러도 괜찮습니다. 여러분만의 소중한 경험을 차곡차곡 쌓아 가시기를 바랍니다.

승리와 패배를 만나더라도 만약, 여러분이 긍정의 시선으로 이 두 가지를 똑같이 대할 수 있다면, 이 세상 모든 것은 다 당신의 것이 됩니다.

둘째, 배려의 삶을 사시기 바랍니다.

《배려》라는 책 속에는 고속승진을 하던 주인공 위가 새로운 부서에서 적응하지 못하고 힘들어 합니다. 자기밖에 모르는 주인공 위는 점차, 경쟁보다 타인에 대한 배려가 자신의 인생을 성공으로 이끌어가고 지탱해주는 근원임을 깨닫게 됩니다. 비가 올 때, 작고 찢어진 우산이라도 우산이 없는 사람과 나누어 쓸 수 있다면 비를 조금 맞더라도 마음은 따뜻해지겠지요. 자신이 어려운 상황에서도 상대방의 입장에서 생각하고, 상대방을 편안하게 해 줄 수 있는 마음. 배려는 여러분을 여유롭고 따뜻한 삶의 길로 안내할 것입니다.

셋째, 작은 일에도 최선을 다하시기 바랍니다.

지금 내가 하고 있는 일에 대한 나의 태도가 내 인생의 경로를 바꿉니다. 나는 반세기 동안 기업경영과 사회생활을 하면서 결국 성공하는 사람은 하찮게 보이는 작은 일에도 최선을 다하는 특징을 갖고 있음을 발견했습니다. 자신에게 주어진 하찮은 일에 대해서 어떠한 불평도 하지 않으며 자신의 혼과 에너지를 불사르며 최선을 다해 보십시오.

그 다음에는 저절로 여러분에게 더 나은 성공의 길이 열리게 되어 있습니다. 여러분은 이제 사회에 나가 새로운 출발을 하게 됩니다.

Enter the gate to grow in knowledge and wisdom,
Leave the gate to serve your country and mankind.

숙명의 문에 들어와서 지식과 지혜 속에서 성장하고 국가와 인류에 봉사하기 위해 숙명의 문을 떠나시기 바랍니다. 다시 한번 더 여러분의 졸업을 축하 드립니다.

(2021.2월 숙명여대 졸업식 이사장 축사)

성공한 인생보다 의미있는 인생
'Get Old' 하지 않고 'Grow Old' 하고 싶다

살다 보면 인생을 바라보는 시선이 달라진다.

반세기가 넘는 52년 동안 쉼 없이 일했다. 삼성에서 30년 일하며 대표이사 CEO로 삼성물산 유통부문을 이끌었고 다국적 기업 테스코와 합작하여 홈플러스를 설립하고 15년간 창업자겸 CEO로서 한국 유통산업의 신화를 만들었다는 말을 들으며 나름 성공한 인생이라 생각했다.

그러나 지난 10년간 세상을 보는 시선이 너무 달라졌다.

이제는 성공보다 의미 있는 인생을 살고 싶다는 생각으로 스스로에게 매우 본질적인 질문을 던져본다.

나는 누구인가?

나는 왜 사는가?

나는 앞으로 무슨 일을 할 것인가?

진정한 소유란 무엇인가?

죽음이란 무엇인가?

나는 무덤 속에 무엇을 가져갈 것인가?

나는 어떤 사람으로 기억될 것인가?

레바논 시인 칼릴 지브란의 글귀가 떠오른다.

'It was in my heart to help a little

Because I was helped much'

'나는 많은 도움을 받았기에

내 마음 속에는 늘 작은 도움을 주고 싶은 생각이 있었다'

미국에 이민 와서 사회의 도움으로 성공한 작가가 된 이후에 그가 자신이 공부하던 보스턴 시립 도서관에 기부를 하면서 했던 말이 도서관 앞 공원에 기념비로 세워져 있다.

마찬가지로 나도 지금까지 받았던 과분한 고마움을 사회로 돌려주고 싶은 마음이 간절하다. 서양과 동양을 넘나들며 학문과 실물경제 그리고 기업경영을 아우르며 경험하고 터득했던 지식과 지혜 그리고 생각을 함께 나누고 싶다.

앞으론 〈경영 아카데미〉를 만들어 올바른 리더들을 양성하고 성장과 기여를 함께 이루어내는 큰바위얼굴의 좋은 기업을 만드는데 작은 도움을 주고 싶다.

3년전 개설한 〈북쌔즈〉 복합문화공간을 배움의 공간, 토론의 공간, 사색의 공간, 문화의 공간으로 발전시켜 사람들의 라이프 스타일을 바꿀 수 있는 사회적 유산으로 남기고 싶다.

7년 전 개설한 〈연합가족상담연구소〉를 통하여 아픔을 겪는 가족들에게 작은 도움을 주고 있다. 행복한 사회가 되려면 사회의 기본 단위인 가족이 행복해야 되기 때문이다. 일 년에 천 가족 케이스를 무료로 상담하고 있는데 사회공헌의 풀뿌리가 되기를 소망한다.

나는 'Get Old' 보다는 'Grow Old'라는 말을 좋아한다.
나이가 든다는 것은 시간의 상태가 아니라 마음의 상태이다.
인생의 끝날까지 생각하고 꿈꾸고 아이디어를 내고 그리고 도전할 것이다.

나의 작은 소망은 사람들을 끊임없이 자극하고 영감을 주어 그들의 꿈과 희망이 달성되도록 도와준 사람으로 기억되는 것이다.

갸우뚱 공간

복합문화공간 〈북쌔즈Booksay〉

호기심 없는 사람은 들어오지 마십시오!

코로나 이후 가족 중심, 동네 중심의 메가 소사어티 문화의 대두,
복합문화공간을 가진 골목길 문화가 도시와 국부를 이끈다.

Q1_ 북쌔즈 공간이 주는 특별함은 무엇입니까?

"여기가 뭐 하는 공간이지?"
사람들이 대단히 궁금해하는 점이 북쌔즈의 특별함입니다. 말하자면, '갸우뚱 공간'입니다. 사람들에게 특별한 호기심을 주죠. 밖에서 보면, 유럽에 와 있는 느낌이 들지요. 런던의 Mayfair 지역에 있는 어느 공작의 집처럼 보이기도 하고, Heywood Hill 서점을 보는 듯한 느낌도 들지요.

육중한 문을 열고 들어서면, 다양한 여러가지 모습을 한 눈에 볼 수

있어, "여기가 뭐지?" 하고 갸우뚱하게 됩니다. 언뜻 보면, 콘서트 홀이나, 오페라 하우스? 책방? 빵과 커피가 있는 카페테리아? 비즈니스 포럼 장소? 미팅 룸? 동영상 촬영 스튜디오? 같기도 합니다. 어떤 사람들은 Harry Potter의 집 같은 느낌이 든다고도 합니다.

북쌔즈 공간의 특별함을 한마디로 표현한다면, 작은 공간에 다양한 기능을 조화시켜 원샷으로 새로운 라이프 스타일을 즐길 수 있는 '복합문화공간'이라고 하겠습니다. 호기심 없는 사람은 들어올 수 없는 '갸우뚱 공간'입니다.

Q2_ 북쌔즈의 특별함에서 나오는
     매력의 포인트를 좀 더 설명해 주시지요.

엄청 예쁘다고 그래요. 예쁜데, 품위도 있고 편안하다고 합니다. 가장 호감이 가는 매력 있는 미인이죠.

외적인 매력의 포인트를 건축 인테리어 측면에서 보면, 클래식과 모던 컨템포러리가 한꺼번에 아우러져 있다는 점입니다. 클래식한 바로크 양식의 중앙홀과, 모던한 베이커리와 커피샵, 컨템포러리 형태의 우주선과 잠수함 미팅룸이 아우러지고, 대단히 아날로그적인 책방, 디지털한 커뮤니케이션 채널 등이 융합된 것이 매력의 포인트이죠.

북쌔즈에서는 어떤 공간이든 예쁜 사진을 찍을 수 있는 포토 존 (Photo Zone)이 됩니다. 북쌔즈의 내적인 매력의 포인트는 다양한 삶의 콘텐츠를 작은 공간에서 한꺼번에 원스톱으로 즐길 수 있다는 점입니다.

Q3_ 북쌔즈의 특별함은 가우뚱하는 복합문화공간이고, 매력의 포인트는 예쁘고 품위 있고 편안한 공간이라고 하셨는데, 콘텐츠의 내용을 말씀하실 때에, 북쌔즈가 추구하는 문화와 기존 문화와의 차이점까지 구체적으로 말씀해 주시면 고맙겠습니다.

매일매일 원스톱 라이프 스타일을 제공하는 복합문화공간입니다. 아침에는, 차분한 클래식 음악을 들으면서 간단한 식사와 커피를 들면서 세상 돌아가는 강의를 듣습니다.

평생 배우는, 학(學)의 문화입니다. 점심 때에는, 경쾌한 팝 음악을 들으며, 사람들과 만나고 식사와 음료를 들며 쉴 수 있습니다. 삶을 쉬어가는, 휴(休)의 문화입니다.

오후에는, 지인들과의 만남과 비즈니스 미팅이 이뤄집니다. 코로나 전에는 우주선 미팅룸에서 중요한 M&A 기업인수합병이 잘 성사되기도 했습니다. 역동적으로 일하는, 동(動)의 문화입니다.

저녁에는, 음악 공연, 그리고 철학과 인문학, 과학과 경영에 대한 강연도 있습니다. 배우고 느낄 수 있는, 감(感)의 문화입니다.

퇴근 후에는, 자선공연을 보거나, 무료가족연합상담도 받을 수 있습니다. 더불어 서로 도우며 살아가는, 공(共)의 문화입니다.

특히, 휴일에는, 몰입하여 공부하고, 사유하여 새말 새몸짓으로 새롭게 도전하는, 신(新)의 문화입니다.

Q4_ 스타벅스나 예술의 전당 콘서트홀 등
기존의 공간과 비교하면 어떤 차이점이 있는지요?

기존 공간에서는 작은 공간에 머무르면서 다양한 문화를 동시에 만날 수는 없습니다. 예를 들면, 스타벅스에서 아침에 커피를 마실 수는 있지만 세상 돌아가는 강연을 들을 수가 있을까요? 오후 시간에 비즈니스 미팅을 할 수 있는 분위기가 될까요? 저녁에는 자선공연이나 무료가족상담 같은 나눔 활동을 할 수 있을까요? 예술의 전당 콘서트홀에서는 음악은 들을 수 있지만 커피나 식사를 하려면 다른 장소로 옮겨가야 합니다.

북쌔즈에서는 한 공간에서 다양한 콘텐츠와 문화를 동시에 만날 수 있습니다. 결국은, 모든 다양한 문화가 한 장소에서 복합되어 있느냐가 가장 큰 차이점입니다.

하버드비즈니스스쿨과 파트너쉽으로 수행한 FGI 코스에서 하버드 MBA 학생들이 북쌔즈 같은 공간이 보스톤에 있으면 좋겠다는 피드백을 받았습니다.

Q5_ 국내 굴지기업의 CEO에서 복합문화공간을 만든 창업자로 변신한 이유는 무엇입니까?

의미 있는 일을 하고 싶어서입니다. 삼성과 홈플러스에서는 성공의 인생을 추구했지만, 이제는 의미의 인생, 의미의 일이 더 중요하다고 생각했습니다. 의미의 일이라는 것은 다른 사람이나 사회에 작은 도움, Every Little Helps를 줄 수 있는 것이지요.

제가 보스톤대학교 연구교수로 있을 때에 자주 이용했던 보스톤 시립도서관 앞 광장에 있는 칼릴 지브란(Khalili Gibran)의 글귀를 보고 영감을 받았습니다. "It was in my heart to help a little, because I was helped much". 세상으로부터 많은 도움을 받았기 때문에, 이제는 내가 작은 도움을 줘야 한다라는 뜻이죠.

북쌔즈가 사람들을 자극하고 영감을 주어, 새로운 라이프 스타일을 즐기면서 변하고 도전하는 삶을 살도록 도와주는 역할을 했으면 좋겠습니다. 그래서, 북쌔즈는 제 자신의 자산이지만, 사회적 자산으로 영구히 남길 수 있도록 준비하고 있습니다.

Q6_ 골목 문화 형성에 주목하는 이유는 무엇입니까?

골목길이 국부를 형성하는 기본이 되기 때문입니다. 특히, 코로나 이후의 삶은 가족 중심, 동네 중심으로 바뀌어가고 있습니다. 골목길이 생활의 중심입니다. 걷고 싶고, 머물고 싶고, 즐기고 싶은 골목이 있으면 살기 좋은 동네가 됩니다. 동네가 살고 도시가 살고 국가가 살아납니다. 골목길은 삶의 질을 끌어 올리고, 국부의 원천이 되는 문화의 바탕이 됩니다.

Q7_ 현재 한국의 골목문화는 어떻습니까?

한국의 골목 문화는 사람 중심, 문화 중심의 길이 아닙니다. 골목의 아이덴터티가 없고, 아름답거나 친환경적이지도 않고, 단지 먹거리 문화만 존재하는 곳입니다. 그러기에 경제적 부를 일으키는 곳이 되지 못하고 있습니다.

Q8_ 그러면, 한국의 골목길이 발전을 못하는 이유는 무엇입니까?

골목길 정책과 규제가 문제입니다. 예를 들어 보면, 선릉역 주변, 제가 근무하는 사무실 뒷편 골목길을 보면, 2014년 이후에 이 골목길에 들어선 26개의 가게가 3~4년 내에 거의 망하고 주인이 바뀌었습니다. 그런데 지금은 몇 번 되풀이 되었죠. 망하지 않은 곳은 부동산 중개업소 4곳 뿐입니다.

왜 이렇게 되었을까요?
코로나 문제도 있겠지만, 골목길 망치는 정책과 규제가 문제라고 봅니다. 예를 들면, 처음에는 제법 장사가 잘 되었는데 어느 시기에 갑자기 골목길 양변에 펜스를 치고 도로 중앙에 말뚝 블럭을 설치하고부터 장사가 안되기 시작했습니다. 사람들이 자유롭게 왕래하지도 못하고, 차 없는 길인데도 휴일에도 주차도 못하게 된 것이죠. '어떻게 하면 자영업을 망하게 할까?'를 연구하는 듯 합니다.

Q9_ 선릉역 뒷골목에 자리 잡은 이유는 무엇입니까?

선릉역 주변은 홈플러스를 창립하고 지금까지 약 25년 동안 일하면서 인연을 맺은 동네입니다. 그만큼 애착이 가는 골목입니다. 이곳은 직장 주변에서 볼 수 있는 평범한 골목길입니다. 그렇기 때문에 북쌔즈 복합문화공간이 성공적으로 자리잡으면, 전국의 평범한 골목길에 확산할 수 있을 것입니다.

Q10_ 북쌔즈를 통해 어떤 골목 문화를 형성해 나갈 계획입니까?

코로나 이후의 생활은 가족 중심, 동네 중심, 대규모 집단 모임 Meta Life보다, 동네 중심의 생활 Mega Life로 바뀔 가능성이 많습니다. 골목길이 중요해집니다.
북쌔즈가 골목길 문화를 리드하는 다목적 복합문화공간의 앵커가 될 수 있습니다. 이런 공간이 전국에 확산되는 불씨 역할을 할 수 있을겁니다.

뜻이 있는 개인이나 기업들이 지자체와 협력해서, 전국 3,500개의 읍/면/동의 자치구에 북쌔즈와 같은 복합문화공간을 1개씩만 생겨난다면 얼마나 좋겠습니까?
좋은 골목길을 만들면 생활의 중심인 좋은 동네를 만들고, 좋은 동네가 좋은 도시를 이루고, 대한민국의 삶의 질이 향상되고 국부가 증가되는 꿈이 현실로 다가올 것입니다.

(i채널 산업방송 인터뷰 / 2021.8.10.)

시선

1판 1쇄 인쇄 | 2021년 12월 23일

지은이 | 이승한

펴낸이 | 엄정희
펴낸곳 | 도서출판 북쌔즈
편집 · 기획 | 엄정희
디자인 | 황지은

출판등록 | 제2017-000141호
등록번호 | 220-10-21520
주소 | 서울특별시 강남구 테헤란로 322, 1411-1417호(역삼동 한신인터벨리24)
전화 | 02- 559-6005
팩스 | 02- 3459-8005
이메일 | joungheeuhm@hanmail.net

ISBN | 979-11 -962972-3-7   (03300)

「이 도서의 국립중앙도서관 출판예정도서목록(CIP)은 서지정보유통지원시스템 홈페이지
(http://seoji.nl.go.kr)와 국가자료공동목록시스템(http://www.nl.go.kr/kolisnet)에서
이용하실 수 있습니다.(CIP제어번호: CIP2018013650)」